赤い皇帝スターリンの霊言

Иосиф Сталин

大川隆法
Ryuho Okawa

まえがき

世界が再びキナ臭《くさ》くなってきた。覇権戦争《はけんせんそう》が近づいている予感がする。

今、旧ソ連の赤い皇帝スターリンの霊言《れいげん》を公開することに一体いかなる意味があるか。

一つの答えは、一九四五年のヤルタ会談で、ルーズベルト、スターリン、チャーチルが戦後体制のあり方を決めたが、連合国の論理が完全なる正義であるという神話が崩《くず》れるということだ。そのうちの少なくとも一人が「悪魔《あくま》」ということであるならば。

さらに、大東亜戦争《だいとうあせんそう》で日本が敗れることにより、戦後、旧ソ連と中国という二つの赤い帝国が「平等」という美名のもとに、大量の人権弾圧を繰り広げたということとだ。無神論的唯物論《むしんろんてきゆいぶつろん》のつけは、「大量粛清《たいりょうしゅくせい》」（排除《はいじょ》・殺害《さつがい》）となって現れた。私たちは、第二次大戦と戦後の歴史を正しい眼で書き直さねばならない時に来ていると思う。

二〇一五年　六月二十五日

幸福《こうふく》の科学《かがく》グループ創始者兼総裁《そうししゃけんそうさい》　大川隆法《おおかわりゅうほう》

赤い皇帝 スターリンの霊言　目次

赤い皇帝《こうてい》 スターリンの霊言《れいげん》

二〇一五年六月十六日　収録
東京都・幸福の科学総合本部にて

7

現代ロシアをどう見ているか　155

「霊言現象《れいげん》」とは、あの世の霊存在の言葉を語り下ろす現象のことをいう。これは高度な悟《さと》りを開いた者に特有のものであり、「霊媒現象《れいばい》」（トランス状態になって意識を失い、霊が一方的にしゃべる現象）とは異なる。外国人霊の霊言の場合には、霊言現象を行う者の言語中枢《ちゅうすう》から、必要な言葉を選び出し、日本語で語ることも可能である。

なお、「霊言」は、あくまでも霊人の意見であり、幸福の科学グループとしての見解と矛盾《むじゅん》する内容を含《ふく》む場合がある点、付記しておきたい。

赤い皇帝《こうてい》 スターリンの霊言《れいげん》

二〇一五年六月十六日　収録

東京都・幸福の科学総合本部にて

ヨシフ・ヴィッサリオノヴィチ・スターリン（一八七八～一九五三）

ソビエト連邦《れんぽう》の政治家、軍人。同国の第二代最高指導者。グルジア出身。レーニン死後の権力闘争《とうそう》を勝ち抜《ぬ》いたあと、大粛清《だいしゅくせい》によって、政府・党・軍の幹部の大半を排除《はいじょ》し、絶対的な権力者となる。第二次大戦では、連合国側として勝利するも、戦後は、同盟国だった西側との関係が急速に悪化。冷戦による東西対立が惹《ひ》き起こされた。

質問者　※質問順

里村英一《さとむらえいいち》（幸福の科学専務理事〔広報・マーケティング企画《きかく》担当〕兼《けん》HSU講師）

綾織次郎《あやおりじろう》（幸福の科学上級理事　兼「ザ・リバティ」編集長　兼　HSU講師）

大川真輝《おおかわまさき》（幸福の科学理事　兼　宗務《しゅうむ》本部総裁室長代理　兼　エル・カンターレ信仰《しんこう》伝道局活動推進参謀《さんぼう》　兼　HSU教学補強担当）

［役職は収録時点のもの］

1　ソビエト連邦《れんぽう》の指導者・スターリンの霊言《れいげん》を収録する

「スターリンの霊言《れいげん》」を収録することになった背景

大川隆法　今日は、突然《とつぜん》、「スターリンの霊言《れいげん》」というテーマが出てきたので、意外に感じる方もいるかもしれません。実は、二、三日前に、次男の大川真輝《まさき》理事から、「大東亜《だいとうあ》戦争についての本を書きたいのだけれども、当会の書籍《しょせき》のなかには、スターリンの霊言が足りない」と指摘《してき》されました。確かに、スターリンの霊言を収録していないのは、そのとおりです。

それを避《さ》けてきたのには、理由がないわけではありません。悪魔《あくま》だった場合、かなり大きい可能性がありますし、居座《いすわ》られるとなると、数週間から数カ月、あるいは、十年ぐらいになる可能性もあるのです。人にもよりますので、どの程度かは分かりません。

そういう意味では、喜んで相手をしたいわけではないのですが、必要があれば、しかたないとは思います。

さて、日本人にとって、ソ連はやや遠くなっていて、歴史についてもなかなか分からないだろうと思われます。私自身も、それほど詳《くわ》しいわけではありませんし、世界史のごく一部として習うぐらいでしょう。

昔のロシア帝国《ていこく》は、長らく帝政で、皇帝が世襲《せしゅう》制でつながっていたのですが、一九〇四年から五年にかけての日露《にちろ》戦争で敗れたことによって瓦解《がかい》してきました。そして、革命が起きて、しばらく流動的な政権が続いたあと、第一次大戦（一九一四〜一九一八年）が終わるころには、だいたい革命体制が出来上がってきたということかと思います。

ウラジーミル・レーニン（1870 〜 1924）
ソビエト連邦初代最高指導者。1917 年ロシア革命で社会主義国家・ソビエト連邦を樹立した際の中心的人物。主著『帝国主義論』『国家と革命』等。

その後、ソビエト連邦《れんぽう》が誕生したわけですが、最初の共産主義の指導者はレーニンで、その次が、スターリンということになっています。

もしかしたら、今、スターリンを知らない人もいるかもしれませんが、第二次大戦の終結前、ヤルタ会談があったということは、日本史や世界史等で勉強したことはあるでしょう。そのときに、フランクリン・ルーズベルト、チャーチル、そして、スターリンの三者が会ったのです。それは、一九四五年の早い時期（二月）であり、ルーズベルトが亡《な》くなる前でしたが、すでに戦後処理の話をしていたわけです。

そのときに、ソ連にも対日参戦を求めています。日ソ中立条約があったにもかかわらず、戦争終結のために、ソ連にも参戦を要請《ようせい》し、ソ連に対しては、「千島《ちしま》列島や樺太《からふと》をやる」という話もしていたらしいのです。

もちろん、スターリンとしては、北海道ぐらいは取る気であっただろうし、できれば、東京辺《へん》ぐらいまで、つまり、日本の北半分ぐらいは取りたかっただろうと思います。そういうところでは、最後に、アメリカとの競争もあったのでしょう。

ヤルタ会談　1945 年 2 月にクリミア半島のヤルタで行われた米・英・ソ首脳会談。
（写真左から、チャーチル英首相、ルーズベルト米大統領、スターリン）

太平洋戦争の前から軍事的に衝突《しょうとつ》していた日本とソ連

大川隆法　また、一般的《いっぱん》に、太平洋戦争については、「一九四一年十二月八日のパールハーバー奇襲《きしゅう》から始まり、一九四五年八月十五日の昭和天皇による終戦の詔《みことのり》で終わった。だいたい四年弱の期間だった」と理解されていると思います。

ただ、実際には、その前から、長らく大陸のほうで中国等との戦いは始まってはいました。また、一九三九年には、ソ連とも、日本帝国陸軍はぶつかっています。

それが、●ノモンハン事件として知られているものです。

ちなみに、『坂の上の雲』で、明治以降の日本が隆々《りゅうりゅう》と成長していく姿を書いた司馬遼太郎《しばりょうたろう》でさえ、「ノモンハン事件のころになると、もう暗くて書けない」ということで、とうとう書けなかったといいます。資料は集めていたらしいのですが、結局、ノモンハン事件を書くことを諦《あきら》めたというか、「あまりに悲惨《ひさん》で書く気が起きなかった」と言っていたようなので、そうした戦いだったのでしょう。

●ノモンハン事件　満州国がモンゴル人民共和国との国境線を清朝時代よりも南方10～20kmのハルハ河に設定したことをめぐり、1939年、両国が衝突。満州を支援する日本と、モンゴルと同盟関係にあるソ連も軍を派遣したため、戦闘が拡大。停戦後の1941年には日ソ中立条約を締結。満蒙の領土保全が定められた。

なお、ノモンハン事件について、司馬遼太郎は、日本の戦車の装甲《そうこう》が非常に薄《うす》っぺらく、簡単に負けてしまうのを嘆《なげ》いているような感じもあったのですが、それだけではありません。

ソ連軍の将軍には、ジューコフという将軍がいました。この人は、日本ではあまり知られていませんが、戦争史のなかでは、屈指《くっし》の天才軍事指導家というか、そういうレベルの軍人であり、戦略家でした。このジューコフという将軍が、ノモンハンで指揮を執《と》っていたのですが、包囲殲滅《せんめつ》戦によって、日本帝国陸軍は大きな被害《ひがい》を出しています。

実は、かつてローマとカルタゴが、三回にわたってポエニ戦争をしていますが、第二次ポエニ戦争で、カルタゴの英雄《えいゆう》ハンニバルが出たときにも、よく似たことがありました。ハンニバルは、「カンネーの

ゲオルギー・ジューコフ(1896～1974)
ソビエト連邦の軍人(最終階級はソ連邦元帥)。独ソ戦(大祖国戦争)最大の功労者として国民的英雄となるも、スターリンに警戒されて左遷。フルシチョフ失脚後に名誉回復。

戦い」で包囲殲滅戦を行い、ローマ軍を完膚《かんぷ》なきまでに打ちのめしたのです。

要は、両軍がぶつかるときに、自軍の両脇《りょうわき》がガーッと出ていって敵軍を囲み、完全に包囲してしまうと逃《に》げ場がなくなります。そのようにして、ローマ軍が逃げ惑《まど》っているときに攻撃《こうげき》すると、もはや全滅というか、〝皆殺《みなごろ》し〟状態になるわけです。これは、陸戦史上、かつてないほどの完璧《かんぺき》な戦いでした。

また、この戦いが、ハンニバルの名前を非常に有名にしたのですが、兵数はカルタゴ軍のほうが少なかったにもかかわらず、包囲殲滅戦でローマ軍を破ったわけです。

ところが、最後に北アフリカの「ザマの戦い」でハンニバルが敗れたときも、この包囲殲滅戦でした。相手は、ローマ人のスキピオで、世界でも五本の指に入るような軍事指導家です。しかも、実際上、敵同士ではあるのですが、年の若いスキピオは、ハンニバルを師として学んでいました。つまり、ハンニバルは、かつて自分自身が使った戦法によって、スキピオに敗れたのです。ハンニバルは、包囲殲滅戦によって「ザマの戦い」において敗れ、逃亡《とうぼう》するということがありました。

ともかく、この「カンネーの戦い」のときの包囲殲滅戦に近い戦いを、ジューコフがノモンハンで行い、日本軍は決定的にやられることになったのです（注。ただし、全体の損害についてはソ連側のほうが大きく、戦死・戦傷約二万六千人、日本側は約二万人と言われている）。これで、ロシアとは不戦条約が結ばれました。

第二次大戦でドイツを打ち破ったスターリン

大川隆法　この戦争時期には、スターリンが最高指導者だったわけですけれども、彼はドイツをそうとう恐《おそ》れていたので、実は、「ドイツとの戦いは避けたい」と思っていたようです。ただ、この段階で日本を封印《ふういん》できたということが一つありました。

第二次大戦当初、スターリンはドイツに対して、「たぶん、イギリス、フランスのほうが強いだろう」と思って安心していたのですが、英仏が宥和《ゆうわ》政策で意外に弱く、ドイツはズデーテン地方の割譲《かつじょう》から始まり、あっという間にポーランドまで攻《せ》め込《こ》んでいったのです。さらには、フランスのパリが陥落《かんらく》してしまいました。スターリンとしては、これほど簡単にやられるとは思わなかったわけです。

また、そのころには、「反共」（反共産主義）という思想はあったので、イギリス、フランス、そしてドイツあたりが、みな束《たば》になってソ連を攻めてくることを、非常に怖《こわ》がってもいました。実は、むしろ、それを最も警戒《けいかい》していたようです。

そのため、ドイツとは戦いたくはなくて、態度保留にしていたし、あるいは、英仏がドイツを片付けてくれると思っていたのです。ところが、フランスが落ちたのを見たあたりで、「ドイツは、絶対、ソ連侵攻《しんこう》をかけてくる」ということが分かったのでしょう。

ただ、ヒットラーはヨーロッパを攻めたせいで、かなり悪く言われるのですが、スターリンもけっこう悪くて、ヒットラーが暴《あば》れているときに、スターリンもバルト三国（エストニア、ラトビア、リトアニア）を取っているし、その近所の国も取りまくりという状態でした。そして、取れるところまで取っていき、国境を接したあたりで、ドイツとぶつかるかどうかという感じになってきたわけです。

ともかく、スターリンは、ドイツはかなり強いだろうと思ってはいたので、勝てるかどうか不安ではあったようですが、そのとき、ソ連には、前述したジューコフ将軍がいました。彼は、後《のち》に元帥《げんすい》となるのですが、この天才的な軍事指導者が、スターリングラードの戦い（一九四二年六月～一九四三年二月）で、ヒットラーの大軍を打ち破ってしまうのです。この戦いでのヒットラー軍は、一説には百五十万人とも言われているぐらいでしたが、この大軍が敗れたということは、ソ連側からすれば、奇跡《きせき》的な大勝利ではあったでしょう。

スターリン自身は、「ドイツ軍は、レニングラードを攻めてくる」と読んでいたのですが、ジューコフ将軍は、「いや、レニングラードではない。ヒットラーの狙《ねら》いは、バクーの油田だ。絶対に、南部を攻めてくる」と見て、スターリングラードでの戦いを用意しており、それが的中したわけです。

つまり、スターリンとしては、「それが陽動作戦であって、本丸《ほんまる》はレニングラードの戦いだ」と思っていたところ、実際には、スターリングラードでの戦いとなり、それで雌雄《しゆう》を決したことになりました。ここで敗北したことによって、ドイツ陸軍は壊滅《かいめつ》状態になり、ドイツの敗北は、ほぼ決定的になったわけです。

結局、ソ連はそのあと、ザーッと東欧《とうおう》を取りに行き、最後は、多くの犠牲《ぎせい》を出しながら、ヒットラーが自決するところまで攻め込んでいきました。おそらく、ドイツへの陸上での攻め込みがなければ終わらなかったと思います。

スターリンを「悪魔《あくま》」と見抜《みぬ》いていたチャーチル

大川隆法　それまでに、フランスは落ちているし、実は、チャーチルのイギリスも風前《ふうぜん》の灯火《ともしび》まで行っていたわけです。イギリスは、東洋ではマレー沖《おき》海戦で日本に敗れて艦隊《かんたい》が滅《ほろ》びていましたし、本国はドイツの空襲で、そうとうやられていました。また、V2ロケットも直接撃《う》ち込まれ、ロンドン中で発狂《はっきょう》した人が千人以上出たというぐらい、ボロボロだったのです。

なお、空襲に関しては、「暗号解読」の話があります。最近の映画（『イミテーション・ゲーム』）でもあったので知っている人もいると思いますが、当時、イギリスには、後《のち》に「コンピュータの父」と呼ばれるようになる方（アラン・チューリング）がいて、ドイツの暗号の解読に成功していました。ところが、暗号解読に成功していたにもかかわらず、それがドイツにばれてはいけないということで、チャーチルの〝狸《たぬき》おやじ〟は、市民が空襲を受けても、そのままやられ続けて、じっと戦機を待っていたのです。

つまり、暗号が解読できていることがばれたら、向こうが手を打ってくるので、解読できていないという状況《じょうきょう》にして被害を受けさせ、市民をだいぶ見殺しにしました。そして最後に、「向こうの大編隊が来るときに、空中で待ち構えておいて撃墜《げきつい》

第二次世界大戦中、エニグマ暗号の解読に取り組んだアラン・チューリングを描いた映画「イミテーション・ゲーム／エニグマと天才数学者の秘密」（2014年公開／ブラック・ベア・ピクチャーズ／ブリストル・オートモーティブ／ギャガ）。

し、殲滅《せんめつ》する」という作戦によって、ヒットラーの空軍を破ったのです。

ただ、こういう作戦というのは、本当にヒヤヒヤものであって、そういう意味で、チャーチルのイギリスも危なかったということでしょう。

また、そのときにチャーチルが遺《のこ》している言葉として有名なものがあります。チャーチルは、ヒットラーが〝地獄《じごく》〟を席巻《せっけん》しようとしており、〝地獄〟を全部占領《せんりょう》しようとしているようなので、そうであるならば、「地獄の悪魔《あくま》と手を結んででも、これを阻止《そし》する」というようなことを言ったとされています。

実は、ここでチャーチルが言った「地獄の悪魔」というのは、スターリンのことです。チャーチルはスターリンを見て、「これは悪魔だ」と、生きているうちに見《み》抜《ぬ》いていました。ただ、見抜いてはいたのですが、「祖国が滅びるぐらいであるならば、悪魔の力を借りるのもしかたがない」ということでしょう。「ソ連のスターリンは悪魔だ」と思ってはいたけれども、これと手を組んででも、何とかして、祖国の消滅は避けたいと思ったわけです。

結果としては、それが功《こう》を奏《そう》して、ソ連を戦いに引きずり込むことができ、さらには、アメリカが参戦したことで、連合国側が勝てることになりました。

実際、「パールハーバー（真珠湾攻撃《しんじゅわん》）」のときも、チャーチルは手を叩《たた》いて喜んだといいます。「やった、やった。これでアメリカの参戦は間違《まち》いない。ドイツも、これで終わった」ということでしょう。本当に、戦争とは複雑なものではありますが、それも「計算」なのだと思います。

自分を〝強く〟〝大きく〟見せようとしたスターリン

大川隆法　さて、スターリンについてですが、生まれは、いわゆるグルジアというところです。ちなみに、グルジア語とロシア語は、全然違う言語らしく、お互《たが》いに通じるのが難しい言葉のようではあります。

今は、反ロシア感情が強くて、「グルジア」といわれるのを嫌《いや》がっており、CNNなどを観《み》ても、「ジョージア」と呼んでいます。最初に聞いたときには、「アメリカの州かな」と思ったのですが（会場笑）、「ジョージア」といっても、グルジアのことなのです。

最近のニュースでも、「ジョージアで洪水《こうずい》が起きて、動物園から動物が逃げ出した」と言っているので、アメリカの動物園の話かと思ったら、これもグルジアのことでした。ＣＮＮでは、ワニやカバが動物園から逃げ出して街中を歩いたり、熊《くま》が逃げ出したりしているシーンが流れていましたし、一部民放でも、要約して流れてはいたようです。そして、かわいそうではありますが、ライオンやトラなどは人を襲《おそ》う恐れがあるということで、撃ち殺されてしまったようです。

ちなみに、ジョージア（グルジア）の洪水が起きたのは、大川真輝理事が、「スターリンの霊言を録《と》ったらどうか」と言ったあたりの時期でした。何らかの意味があるのかどうかは分かりませんが、そういうことがありました。

ところで、「スターリン」とは、「鋼鉄《こうてつ》の人」という意味で、今風に言えば「アイアンマン」になりますが、一九一三年ごろに自分で付けた名前です。自分で「アイアンマン」と言ったわけですから、すごいことですが、強そうには見えるでしょう。この人は、強そうに見せることに専念したようではあります。

ただ、実際には小男《こおとこ》だったわけで、ナポレオンも背が低いことを気にしていましたが、スターリンも同じぐらいのサイズでした。そのため、大きく見せる工夫《くふう》を一生懸命《いっしょうけんめい》していたようです。

例えば、足首まであるような長い軍服のトレンチコートを着て、かさ上げの靴《くつ》を履《は》き、さらに、パレードのときには、下に板を敷《し》いて、背が高く見えるようにしていました。また、外国の首脳や同僚《どうりょう》と一緒《いっしょ》に写真を撮《と》るときには、人より前のほうに立ち、遠近法によって大きく写るように努力したということが、ある種の伝記には書かれています。

確かに、パッと見ると、身長が百八十センチやそこらはあるかと思うぐらい、大きい人に見えるのですが、努力の成果で、そのように見えていたようです。本当の身長は日本人女優の深《ふか》キョン（深田恭子《ふかだきょうこ》）と同じぐらいしかありません。そういう人ではあります。

ただ、革命運動をしているときには、さまざまなことがあるので、簡単に評価することは難しいでしょう。逮捕《たいほ》されたり、流刑《るけい》になったり、脱走《だっそう》したり、いろいろなことがあったようです。

もともとは、貧しい靴《くつ》職人の息子《むすこ》として生まれたと言われています。三男だったのですが、長男、次男が幼くして死んでしまったため、この人が長男のように育てられました。彼の母親は、「神学校に入れて、そこで、いちばん偉《えら》い宗教家になってほしい」というぐらいの気持ちを持っていたと伝記には書いてあります。

ところが、これについては疑う人もいるようです。農奴《のうど》出身の、貧しい靴屋の職人の家に生まれた人が、神学校に行ってトップを目指すというのは、ややおかしいということでしょう。そのため、「本当の父親は違うのではないか。金持ちの落とし子ではないか」という説もあることはあるのです。

ただ、詳しいことは分かりません。また、ヨシフという名で呼ばれ、母親の影響《えいきょう》は、かなり強かったようではあります。

「目的のためには手段を選ばない」スターリンの行状《ぎょうじょう》

大川隆法　スターリンは、レーニンに次ぐナンバー2として、ボルシェビキ（「多数派」の意味で、ソ連共産党の前身）を率《ひき》いていき、政党運動をやるわけです。しかし、「金がない。軍資金がない」ということで、売春宿《ばいしゅん》の経営に手を出し、今で言うと、「みかじめ料」に当たるようなものを受け取っていました。要するに、歌《か》舞《ぶ》伎《き》町の〝売春施設《しせつ》〟からピンハネをするような感じの経営をして、その一部を上納させていたようです。

あるいは、「銀行強盗《ごうとう》もした」と言われています。これは二つの伝記に書いてあるので、かなり確度は高いでしょう。ただし、銀行強盗といっても、銀行そのものを襲ったわけではなく、銀行から出てくる現金輸送車を襲ったということのようではありますが、一般には銀行強盗をしたと言われています。

そして、「銀行強盗をして現金を奪《うば》ったけれども、お札《さつ》の番号が並んでいたため、『このまま使うと、すぐに足がつく』ということで、ヨーロッパのほうでマネーロンダリングをやろうとしたものの、うまくいかずに摘発されてしまった」というようなことも言われてはいるようです。

今、幸福実現党も、〝軍資金〟の面ではけっこう悩《なや》みが深いとは思いますが、「売春宿のピンハネか、それとも、銀行強盗あたりで、資金をつくったらどうか」と言われたとしても、やれる人がいるかどうかは分かりません。はっきり言って、なかなかやれないだろうと思います。

要するに、それをやってのけられた・・・・・・という人は〝そうとうな人〟だということがこれで分かります。そういう人だからこそ、そしてまた、次々と人量粛清《しゅくせい》をやっていくような人だからこそ、軍事になったら強かったのかもしれないのです。

ヒットラーを叩きのめしたり、日本軍を叩きのめしたりするような強さは、やはり、道徳をものともしない〝鋼鉄の男〟だったところにあるのかもしれません。

それは、共産主義の悪い面ではありますが、強い面でもあります。

共産主義には、「目的のためには手段を選ばない」というところがあります。目的が正しければ、途中《とちゅう》経過の手段としては何をしても構わないようなところがあり、人殺しだろうが、強盗だろうが、売春宿だろうが、何でもやるわけです。

例えば、スターリンの奥《おく》さんなどは次々と死んでいて、毒殺あるいは銃殺《じゅうさつ》、行方《ゆくえ》不明等で、殺されていったと推定されます。

それから、側近も次々と殺されていきました。毒殺ないしは銃殺されている人が多いようです。

先ほど述べたジューコフ将軍も、「スターリングラードの戦い」でヒットラー軍をほぼ撃滅したあと、英雄になるといけないので左遷《させん》され、スターリンのほうが「軍事的英雄」という称号《しょうごう》を得られたようになっています。ジューコフについては、スターリンの死後に、また復権していますけれども、そういうこともありました。

いずれにしても、週刊誌的なかたちでの伝記を読むかぎりでは、彼は悪の限りを尽《つ》くしたようにも見えるのですが、日本の戦国時代に天下統一を果たそうとしている武将のような人を見れば、そういう人殺しや陰謀《いんぼう》、さまざまな悪事もありえるのかもしれないという気がしなくもありません。

目的がそれだけ大きければ、そういうこともありえるのか、やはり許されない範《はん》囲《い》なのか。このあたりは難しいところです。

「神学校の優等生」から大量粛清《しゅくせい》を行う「恐怖《きょうふ》の指導者」へ

大川隆法　また、本当かどうかは分かりませんが、子供時代、母親に神学校へ入れられて、四年ぐらいは成績トップで優秀《ゆうしゅう》だったという説もありますけれども、やがて社会主義運動に熱を入れ始めたため、放校になっているわけです。ただ、このあたりが、彼の知的な基礎《きそ》にはなっているようです。

それから、ある評伝には、「一九二四年、レーニンが亡くなったときも、実はスターリンに毒殺された」と書かれたものもあるのです。このあたりについての真相はよく分かりませんが、レーニンの跡《あと》をいちおう引き継《つ》ぐかたちでトップを張ったわけです。

その後の「五カ年計画」では、重工業化や農業の集団化計画等を行《おこな》っていくわけですが、言うことをきかない者を大量粛清《しゅくせい》したり収容所に送ったりして、後々《のちのち》、評判を落としていきます。

さらに、一九三六年には「スターリン憲法」（ソビエト社会主義共和国連邦憲法）をつくったり、その後、「独ソ不可侵《ふかしん》条約」を結んだりしていますが、次には開戦に入るわけです。

そういう意味で、「もし、第二次大戦のときに、この人がいなかったら、あるいは、日本の敗戦はなかったかもしれない」という、そういう人であることは間違いありません。

「毒殺説」などが噂《うわさ》されるスターリンの最期《さいご》

大川隆法　スターリンが亡くなったのは一九五三年で、七十四歳《さい》ぐらいになります。

実は、「一八七八年十二月生まれ」のところを、自分では「一八七九年生まれ」としており、年齢《ねんれい》を一年と三日だけごまかして、若く言っていたという説もあります。このあたりについては詳しく分かりませんが、そうだとすれば七十四歳で亡くなったわけです。

また、最期《さいご》は「脳出血により死去」と言われていますが、「毒殺された」という説も有力です。

例えば、何人かと会談をしているときに、後ろから頭を殴《なぐ》られたようによろめいて、机の上に倒《たお》れたのですが、ベッドに運んでくれたり、ワインを出してくれたりして介抱《かいほう》されます。

そのあと、起き上がったときには傷はなく、誰《だれ》にやられたかも分からない状況でしたが、「ワインのグラスは、どこにある！」とスターリンが訊《き》くと、「探しましたが、グラスはありません」と言われます。

「グラスがないということは、毒が入っていたということだな。毒が入っていなければ、グラスは残っているはずだ。ということは、俺《おれ》の命はあと二日以内だ」と思うわけです。

それは自分がずっとやってきたことなので、誰か側近の人にやられたのでしょうか。「グラスがないということは、証拠《しょうこ》を隠滅《いんめつ》されているわけだから、ワインには毒が入っていたことになる。ということは、私の命は二日以内だ。それで終わるだろう」と言って、別荘《べっそう》で亡くなったという説があるわけです。

そのように、「脳出血で死去」と言われていますが、毒殺された可能性もあります。それが一九五三年のことです。

フルシチョフ時代に正史から消されたスターリン

大川隆法　そのあと、（短期間のマレンコフを経《へ》て）フルシチョフが書記長になって跡を継《つ》ぐわけですけれども、フルシチョフ自身もスターリンが生きている間はスターリンを怖《こわ》がっていて、いつ殺《や》られるか分からないので逃げ回っている状況でしたが、何とか生き延びたようではあります。そして、フルシチョフ時代になってから、スターリン批判というのが始まるわけです。

昨日《きのう》、私が読んだ『ソ連邦共産党史』（全五巻）という本は、一九五九年初版の本です。これは、正統なソ連史であり、私の父親が大事に大事にして持っていたのを譲《ゆず》り受けたものです。それを、昨日、もう一回読

ニキータ・フルシチョフ（1894 ～ 1971）
ソビエト連邦第４代最高指導者。1956 年の共産党大会演説でスターリンの個人崇拝と独裁政治、大粛清の事実を公表。国内の非スターリン化を進めた。

んでみたわけです。

ところが、正式の『ソ連邦共産党史』全五巻を読んでも、スターリンの名前がなかなか出てきません。四巻目あたりに二カ所ほどチョロッと出てきたのと、五巻目に一回出てきたぐらいでした。「ほとんどスターリン抜きで、ソ連共産党史を書けるのか」ということでは少々驚《おどろ》きなのですが、ごくわずかしか出てこないのです。出てきているところも、簡単に二、三行程度で片付けてあり、「スターリンへの個人崇拝《すうはい》は誤りだった」といった記述しか出てきていません。そこだけは出てくるものの、ほぼ完全に〝消されて〟いるわけです。

そのように、フルシチョフ時代に、「個人崇拝は誤りだった」ということで、スターリンは完全否定されているわけであり、権力闘争《とうそう》が非常にすごかったことは分かります。

今はスターリンに関する本も多く出ていますが、「赤い皇帝」とも称されていて、独裁者の典型のようにも言われています。

はたして、この人は死後、どのようになっているのでしょうか。

私の本のなかでは、ヒットラー等と同じように「悪魔」という判定をしていますので（『黄金の法』『奇跡《きせき》の法』〔共に幸福の科学出版刊〕等参照）、あまり付き合いたいほどの人ではありませんが、もしかしたら、「先の大戦」や「戦後体制」、および、「今後の日本や中国、ロシア、アメリカ等も含《ふく》んだ国際情勢」を見る上で、別の視点から、何らかの視野のある考えを持っておられるかもしれません。

もし、そういう状態にない場合には、〝大変な〟状態かもしれません（笑）。

これについては分かりませんが、死後、すでに六十数年も過ぎているので、死んだことに気がついていない場合もあるし、あるいは変わっているのかもしれません。

私は、まだ一度もスターリン霊とは話をしていません。話をすると、それからずっと家に居座られ、ほかの仕事ができなくなるため、正式には今回、初めてお呼びすることになります。

まあ、（霊言のあと）帰ってくれるかどうかは分からないので、帰ってくれない場合には、里村さんに背負って帰っていただくことも考えておきたいと思います（会場笑）。

里村　はい。了解《りょうかい》しました（笑）。

鋼鉄の人・スターリンを招霊《しょうれい》し、その本心を訊《き》く

大川隆法　前置きとしてはそんなところですが、概要《がいよう》を分かってくだされば幸いです。

それでは、旧ソビエト連邦の指導者にして、第二次大戦を遂行《すいこう》されたスターリンをお呼びし、その霊界《れいかい》事情や、各国に対する考え、戦争に対する考え、未来に関する考えなどを訊《き》き出してみたいものだと考えています。

ただ、何分《なにぶん》にも初めてですので、うまくいくかどうかは分かりませんけれども、全力にて頑張《がんば》りたいと思います。

旧ソビエト連邦の指導者、「鋼鉄の人」スターリンよ。

どうか、幸福の科学総合本部に降りたまいて、そのご本心を明らかにしたまえ。

「鉄の男」スターリンよ。

どうか、幸福の科学総合本部に降りたまいて、そのご本心や、現在のご心境等を明らかにしたまえ。

ソ連邦の指導者、スターリンよ。スターリンよ。

ソ連邦の指導者、スターリンよ。スターリンよ。

どうか、幸福の科学総合本部に降りたまいて、そのご本心を明らかにしたまえ。


（約四十秒間の沈黙《ちんもく》）

ヨシフ・ヴィッサリオノヴィチ・スターリン（1878 ～ 1953）
ソビエト連邦の最高指導者スターリンは、権力を掌握した1930年代から大規模な政治弾圧を行った。なかでも、共産党幹部のセルゲイ・キーロフ暗殺事件では、背後に大きな陰謀があると断じ、これを口実として、政治的ライバルだったレフ・トロツキーを奉じる一派の排除を開始。「階級闘争の過程で敗れた搾取者階級の残党による闘争が激化する」などとして、反革命分子とされた者に対する公開裁判（モスクワ裁判）を行い、レニングラードの党関係者5千人を銃殺刑にするなど、大量粛清を始めた。例えば、1934年の党大会出席者1966人の代議員のうち、1938年までに1108人が処刑された。一説には、スターリン時代の死者は、粛清と、強制労働者や計画経済の犠牲者をあわせると2千万人以上ともいわれる（カリフォルニア大学マーティン・メイリア教授）。

2　自《みずか》らを「神」と称《しょう》するスターリン

少しずつ起きてきて、力がみなぎってきた様子のスターリン

スターリン　（目元や眉《まゆ》、口元をしきりに動かし、顔をしかめるような表情をする。その後、何度か首をひねる）

里村　ソビエト連邦《れんぽう》の指導者、スターリン書記長、スターリン閣下《かっか》でいらっしゃいますでしょうか。

スターリン　はあ……。

里村　スターリン閣下でいらっしゃいますか。

スターリン　ダー（うん〔ロシア語Дa〕）。

里村　ダー？　はい。ありがとうございます。
　私の日本語は、だいたい通じておりますでしょうか。

スターリン　（椅子《いす》の背もたれに上体を反《そ》らす）ああ、あああ……！　うん。うう
うーん……。

里村　今日は、スターリン書記長、スターリン閣下にお出《い》でいただきまして、本当
にありがとうございます。

スターリン　ううーん……。

里村　なかなか〝ご機嫌《きげん》うるわしゅう〟という感じでございますけれども。

スターリン　（顔をしかめながら、何度かワイシャツの襟《えり》を指ではじくしぐさをする）

里村　今年は、第二次世界大戦・戦後七十周年ということで、五月九日には、ロシアで戦勝の記念式典も行われました。

スターリン　ううう、うーん……。

里村　「今、二〇一五年である」というのは、ご認識されていますでしょうか。

スターリン　ああ……？　うん？　ああ？

里村　現在、二〇一五年六月でございますけれども、先月、閣下の国であったロシアで、第二次大戦・戦勝七十周年式典も行われました。

スターリン　ううん！

里村　例えば、そういう式典の模様などは、ご覧になっておられましたでしょうか。

スターリン　ああ!?　うん？

里村　戦勝記念式典の模様などは……。

スターリン　うーん、ああ、ああ……！　うーん……。ニエット！（いいや〔ロシア語 Нет〕）　ああ、ああ、ああ……。

里村　観《み》ておられない？

スターリン　ああ……！

（椅子の背もたれに上体を反らしながら、両腕《りょううで》を上げ、拳《こぶし》を握《にぎ》り締《し》めながら）ああ、あああ、ああ!!　うう、ああっ！　あああっ。はっは、あっは、ああ。はっは、ああ……。あああ……（手を一回叩《たた》く）。

里村　少しずつ起きてこられた感じが……（笑）。

スターリン　（手を叩きながら）ああ！　はっはあ。ううーん……。ああ……。ああ!!（机を叩く）

里村　たいへんよろしゅうございますね。もう力がみなぎっている感じです。

スターリン　ああ、ああ、ああ……！　ああ！

「ウォッカ」と「女」を要求し、「銃殺《じゅうさつ》」と言って脅《おど》す

里村　力のこもったところで、今は第二次世界大戦・戦後七十周年の年ですが、スターリン閣下のお話を賜《たまわ》れればと思います。

スターリン　うーん……。（里村を指して）処刑《しょけい》しろ。

里村　いえいえ！（苦笑）なぜ、私がいきなり「処刑」でございましょうか。

スターリン　しゃべりすぎる！

里村　あっ、はい（苦笑）。すみません。

（綾織に）それではどうぞ。

綾織　地上にいらっしゃったのは、久々《ひさびさ》なのでしょうか。

スターリン　知らん。（古打ちし、スーツの上着を脱《ぬ》ぐ）

ああ……！　ああ!?　ウォッカ！　ウォッカ。ウォッカ！　ワイン！

里村　まず、お話を承《うけたまわ》ってから……。

スターリン　（上着を頭上に投げて、落ちてきた上着を取る）アッハッハッハッハッハッ！
綾織　今日、一通《ひととお》りお話が終わったら、そうしたことも用意できればと思います。
スターリン　女は？　女！
里村　はい。そちらもまた、あとのほうで……。
スターリン　女を準備しろ！　女を。女がおらんでないか。女、女、女、女！
里村　まだ、あの……。

スターリン　女！

里村　あとのほうに控《ひか》えておりますので。

スターリン　どこに女がおる？

里村　（苦笑）（会場笑）あとに控えておりますので、ここは、まず閣下の会見の場所ということで、もう少し我慢《がまん》していただきたいと思います。

スターリン　ううん……。会見？

綾織　はい。久々に世界に対して、スターリン閣下のお考えを発信できればと思っております。

里村　（上着のブローチをいじっているスターリンに）あの、あまり触《さわ》らないように……。

スターリン　銃殺《じゅうさつ》されたいか？　うん？

里村　えっ？

スターリン　銃殺されたいんかなあ。

里村　いえいえいえ。

スターリン　わしのことを悪く書いたら、銃殺だからな。

里村　決して、そうではありません。

綾織　スターリン閣下がおっしゃったままを、お伝えさせていただきたいと思います。

〝英雄《えいゆう》〟であることを意識し、「髭《ひげ》」にこだわる

スターリン　私は〝英雄《えいゆう》〟だからな。（上着を右肩《みぎかた》に背負う）こういう感じがいいんじゃないかな。ハッハッハ。

綾織　特に第二次大戦での〝英雄〟ぶりについて……。

スターリン　（鼻の下を左手でさする）髭《ひげ》がないからな。髭が欲《ほ》しいな。髭を持ってこい！

里村　いや、きちんと霊的《れいてき》にはございます。

スターリン　髭を持ってこいよ、髭……。

里村　いえ、私たちには髭が見えておりますので、大丈夫《だいじょうぶ》です。

スターリン　おまえら、人の髭を勝手に切るなよ。

里村　いえいえ、剃《そ》ってはおりません。ありますから。

スターリン　（モニターに映《うつ》る自分を見て）あら、映っとらんぞ。髭がない、髭が。

里村　閣下は今、別の方の肉体をお借りして話をされているんです。

スターリン　髭がないと、猫《ねこ》はネズミを捕《と》れんのだ。

里村　ですから、今日は、そのあたりの〝ネズミ〟を捕った話などを、たくさん聞かせていただきたいと思います。

「王朝《おうちょう》の子孫《しそん》であり、皇帝《こうてい》として生まれた」と主張

スターリン　おまえらは、失礼極《きわ》まりない男だな。

里村　すみません（苦笑）。申し訳ございません。

スターリン　やっぱり、おまえらな、「接待」っていうのを知らんのか。ええ？　身分ある人と話したことがないんだ。なあ？　おまえは靴屋《くつや》のせがれだろうが。ええ？

里村　いやいや、それは閣下のお生まれではないでしょうか（苦笑）。

スターリン　そんなのは、謙虚《けんきょ》に見せとるだけだ。そんなもん、靴屋のせがれのはずがない。もともと王朝《おうちょう》の子孫《しそん》や。末裔《まつえい》や。

里村　王朝の子孫？

スターリン　ああ。落とし子や。落とし胤《だね》や。

綾織　なるほど。

スターリン　皇帝《こうてい》が村娘《むらむすめ》を見込《みこ》んで、ちょっと種《たね》をつけたんだろう。

里村　なるほど。確かにそう思います。

スターリン　「死刑になりたくない」っていうことだな。うん、よし。

里村　もちろんでございます。

スターリン　いや、いいんだよ、シベリアでも。

里村　（苦笑）シベリアも結構でございます。

スターリン　ああ、そうか。

綾織　「当然、皇帝になられる運命であった」ということですね？

スターリン　まあ、そらあ、そうだろうな。皇帝として生まれたんだから。

里村　もともとの皇帝が、皇帝としてお生まれになった？

スターリン　うん。皇帝が皇帝に生まれたんだ。

里村　なるほど。ぜひ、そのあたりは、またあとでお伺《うかが》いしたいと思います。

「プラウダ（真実）」とは、「嘘《うそ》」のことである？

スターリン　で、おまえらは何だね？

里村　私たちは、「プラウダ」以上に真実を求める立場で、世界に閣下のお言葉をお伝えさせていただこうと思っています。

スターリン　「プラウダ」という言葉を使ったな。プラウダは「嘘《うそ》」っていう意味だからな。

里村　いえ、プラウダという言葉の意味は「真実」です（笑）。

ПРАВДА
Все наши силы — на поддержку нашей героической Красной Армии, нашего славного Красного Флота!
Все силы народа — на разгром врага!
Вперед, за нашу победу!
Выступление по радио Председателя Государственного Комитета Обороны И. В. СТАЛИНА.
3 июля 1941 года.

「プラウダ」
ロシア語で「真実・正義」を意味する新聞。1912年、レーニンによって発刊され、ロシア革命後は共産党機関紙としてプロパガンダに使われた。ソ連崩壊後の現在もタブロイド日刊紙を発刊している。

スターリン　プラウダって、嘘のことなんだよ。

里村　いやいや、嘘ではございません（苦笑）。

綾織　（旧ソ連では）スターリン閣下が、英雄としてたくさん書かれていました。

スターリン　ああ、書くのか？　あ、そう。

綾織　そういうお話をしていただければと思います。

スターリン　書かなかった場合は、引きずっていくからな。

綾織　いや、今日、お話しいただいたままをお伝えいたします。

スターリン　おまえの髪《かみ》をつかんで引きずっていって、処刑だからな。銃殺。

自分が死んでいることを認めないスターリン

里村　スターリン閣下が、どうやってヒットラーに勝ったのか。あるいは、ルーズベルトと組んで、戦いに勝ったあたりの話などをお聞かせください。

スターリン　「ヒットラーに勝った」って、あんな弱い者は相手にならんがな。

綾織　なるほど。

里村　閣下は一九五三年にお亡《な》くなりになっていますけれども、いちおう、それはご存じでしょうか。

スターリン　勝手に殺すな。

里村　ああ（苦笑）。

スターリン　勝手に殺すな。おまえ、医者の資格でもあるんか。

里村　いえいえ。

スターリン　ええ？　白衣《はくい》を着てこいよ。

里村　分かりました。では、今の話はないとして……。

スターリン　人が死ぬわけないだろう、そんな簡単に。ええ？

里村　最近は、ずっと何をされていらっしゃいましたか。

スターリン　何してるって、〝皇帝〟をやってるんじゃないか。何だあ、うん？

綾織　「今は、ソ連がロシアになっている」というのはご存じですか。

「マルクス・レーニン主義」ではなく「スターリン主義」を強調

スターリン　何だそれは。ああ？

綾織　ソ連邦が崩壊《ほうかい》というか、変わりまして……。

スターリン　いや、ロシアっていうのは、ロシアだよ。ん？　ロシア……。ロシア……？　ロシア……。

里村　大ロシア。

スターリン　うーん、何か変な感じがするな。ロシア……。

綾織　ソ連でも結構なんですが。

スターリン　ううん……。

里村　ソ連邦が違《ちが》うかたちになった今、ロシアやウクライナ等が、国として存在していることはご存じでしょうか。

スターリン　ううん……。偉大《いだい》なる革命は成功したんだよ。偉大なる革命はな。

綾織　ロシア革命を起こしたとき、レーニンが初代の指導者でいましたが、そのあと、あなたがお継《つ》ぎになって、国として強くなってきたという歴史だと思うのですけれども。

スターリン　うん。まあ、「マルクス・レーニン主義」っていうのは、プラウダに反するな。

里村　はっ？　マルクス・レーニン主義がプラウダに反する？

スターリン　「スターリン主義」って言うべきだ。

里村　なるほど。スターリニズム？

スターリン　うん、うん。スターリニズムがつくったんだ、国をなあ。

スターリンを讃《たた》えないから、グルジアは天変地異に襲《おそ》われた？

スターリン　わしを讃《たた》えんから、グルジアがな、今は天変地異に襲《おそ》われて……。

里村　よくご存じでいらっしゃいます。

スターリン　うーん、そうなんだ。

里村　今、グルジアは、「ジョージア」と国名を改名というか、元の国に……。

スターリン　そう。おまえそっくりのやつが、動物園から逃《に》げ出してるっていう話じゃないか。ええ？

里村　いやいや（苦笑）。確かに、そうでございますね。

スターリン　おまえが四つん這《ば》いで歩いとるんだろ？

〝大ソ連統一の救世主〟という自己認識

里村　今、戦争のお話をお伺いする前に、重要なことをおっしゃられました。

スターリン　うん？　何だ。

里村　「マルクス・レーニン主義はプラウダに反している。スターリニズムこそが、本当だ」と。
閣下は、「神学校のときから、マルクス主義に触《ふ》れて社会主義者となった」と言われていますが、マルクスをあまり信奉《しんぽう》されていらっしゃらなかったのですか。
スターリン　利用しただけだろう、そんなもん。もともとは。
里村　スターリン閣下は、マルクスの何を利用されたのでしょうか。
スターリン　ええ？　まあ、何でもいいからさ。まあ、神学をやったからな。何でもいいから、教祖に当たるものをつくらなきゃ駄目《だめ》なんだよ。なあ！　革命やるには。

綾織　なるほど。

スターリン　何でもいいんだよ。標語をつくりゃあね。

里村　しかし、神学校にいらっしゃって、「そのまま宗教家になる」ということは考えられなかったのでしょうか。

スターリン　いや、〝宗教家〟になったじゃない、だから。

里村　〝スターリン教〟のですね？

スターリン　うーん。だから〝救世主〟。わしは〝救世主〟なわけよ。大ロシア、何て言うか、シベリアも含《ふく》んだ〝大ソ連統一の救世主〟なわけよ。

綾織　一般《いっぱん》的には、スターリン閣下については、「反キリスト的な位置づけ」と言われているわけですが。

スターリン　そんなことはない。「キリストを超《こ》えた」という位置づけだろ？　一般には。キリストは弱かったわな。それで捕《つか》まって処刑された。わしが処刑した人はいっぱいおるけども、あのなかの一人だろ？　いわばな。

里村　なるほど。

スターリン　うーん。わしは処刑したほうだからな。

マルクスの「暴力革命」の考え方は利用できる

里村　閣下に関しては、若いころの話ですが、「『共産党宣言』などを読まれていなかった」という話もあります。実際に、マルクスの研究はされなかったわけですか。

スターリン　いや、そんなことはない。（マルクスに関する）本を書いてることになってるから。まあ、誰《だれ》が書いたかは知らんけどな。まあ、書いたことになっとるからさ。

里村　もう一度訊《き》きますが、マルクスの考え方で、どういう部分が利用できると思ったのですか。

スターリン　やっぱり、「暴力革命」ね。これは肯定《こうてい》できるなあ。やっぱり、暴力を伴《ともな》わない革命っていうのは、不可能だね。成就《じょうじゅ》不可能だね。

君らね、今、なまったるくやっとるんだろ? なんかデモとか言ってさ、「ダラダラと歩いてる」っていう話じゃないか。ええ? だから、ちゃんと武器を持ってデモをしなさい、武器を持ってさあ。

里村　われわれは権利の行使として、デモをやっています。

スターリン　首相官邸《かんてい》を、まず占拠《せんきょ》すること。新聞社、テレビ局を襲《おそ》うこと。やっぱり、これから革命が始まるんじゃないか。

〝神〟であるスターリンに対して小理屈《こりくつ》をこねてはならない?

里村　そうすると閣下のお考えのなかでは、例えば、現金輸送車を襲ったり……。

スターリン　何が悪い？　全部、金は俺《おれ》のもんだよ。

里村　お金もですか。

スターリン　天下の金は俺のもんだろうが。当たり前だ。元首《げんしゅ》なんだからさ。元首のもんだろう？　これは。当たり前じゃないか。代わりにどっかの銀行が印刷しとるだけだから、それは。なあ？

里村　そうすると、一般市民的な道徳のレベルでお伺いしますが……。

スターリン　くだらん！

里村　ご自身のなかには、それに対する罪悪感……。

スターリン　〝神〟なんだから！

里村　はい。

スターリン　〝神〟なんだからあ！　人間ごときがさあ、小理屈《こりくつ》こねるなよ。

綾織　なるほど。

〝神〟として、そのようにロシアを治める立場になられて、そこから、さらに外の世界に拡大していったわけですけれども、今日は、そのあたりのご意図も含めて、一つひとつお伺いしていきたいと思います。

スターリン　もう、〝神〟なんだ。いまだに〝神〟なのよ。

3　ソ連で起きた共産主義革命の本質とは

スターリンの「目的」とは何だったのか

大川真輝　先ほど、大川総裁のほうから、「共産主義には、『目的のためには手段を問わない』という点があるが、それが非常に〝強み〟でもある」というようなお話を頂いたのですが、スターリン様の人生を拝見いたしますと、マルクスのような共産主義革命の理想を追い求めていたようには感じられない面がございます。

スターリン　感じろ！

大川真輝　（苦笑）そこで、スターリン様の目指された「目的」とは、いったいどのようなものだったのでしょうか。

スターリン　目的？

大川真輝　はい。

スターリン　天下万民《ばんみん》の救済だ。地上における平等、世界人類の平等の樹立だ！　まあ、ロシア一国主義というか、ソ連一国の共産主義革命が優先はしたけども、最終的には〝地球規模のユートピア実現〟……。ああ！　君らと変わらんな。ほんとだ。

大川真輝　（苦笑）

スターリン　そっくりだな。俺《おれ》のまねしろよ、ちゃんと。

里村　何の下《もと》の平等でございましょう？

スターリン　〝わしの下の平等〟だよ、それはもちろん。わしは〝神〟だから。わしの下の平等だ、もちろんな。

「実力さえあれば、地獄《じごく》も悪魔《あくま》も要《い》らない」という考え方

大川真輝　私《わたくし》どもは今、宗教団体として活動しているのですが、スターリン様のような〝偉大な存在〟の登場について、転生輪廻《てんしょうりんね》を信じる宗教的な見地から少し疑問があります。

それは、スターリン様のような方が地上に生まれるときには、いったいどのような「目的」を持って生まれてこられているのかということです。

スターリン　それは、君らがね、今、〝偉大《いだい》な勘違《かんちが》い〟をしてるからね。だからな、君らね、間違ってるんだよ。「地獄《じごく》がある」とか、「悪魔《あくま》がいる」とか思ってる。そういう間違った刷り込《こ》みね。これは神学における間違いなんだよ。

これはね、教会が自分の思うように人を操《あやつ》るために、地獄をつくり出し、悪魔をつくり出してるのよ。言うことをきかないやつは、「悪魔」と称《しょう》したりしてるんだよなあ。それは、人を操る口先のねえ、言葉のねえ、テクニックだな。

本当のことを言やあ、実力さえあれば、そんなものは言う必要はないし、地獄も悪魔も要《い》らないんだ。実力があって、言うことをきかない者は処刑《しょけい》するなり、収容所にぶち込むなりすれば、言うことをきくようになるわけよ。だから、部下に謀反《むほん》の兆《きざ》しがあったら、その妻を銃殺《じゅうさつ》するなり、収容所に送るなりすれば、みんな言うことをきくようになるわけだ。

これができれば、「地獄」も「悪魔」も要らないんだよ。教会の詐欺《さぎ》みたいな言葉で人を騙《だま》す必要なんかないわけ、まったく。

「神の役割」と「本物のキリスト」について自論を述べる

綾織　今のお話は、質問に対してきちんと答えていないと思います。

スターリン　なんで？　答えたんじゃないの？　え？

綾織　生まれてくる目的です。

スターリン　だから、おまえらは、悪魔だとか地獄だとか、いろいろなことを言ってるけど、「そんなものはないんだ」って言ってるだろう。

綾織　何をするために生まれてきたのですか。

スターリン　だから、最初から最後まで神は神なんだよ。一貫《いっかん》して神なのよ。

綾織　処刑するために生まれてきた？

スターリン　だから、神はね、二つの顔を持ってるんだな。人に対して、「太陽の顔」を持ってたり、「北風《きたかぜ》の顔」を持ってたりする。厳しく当たるときには、北風として当たる。人はこれを悪魔と思いたがるけど、やっぱり神の姿なんだよな（机を叩《たた》く）。

だから、人民が傲慢《ごうまん》になったりだね、堕落《だらく》したりするときには、厳しく処罰《しょばつ》する。これが神の役割の一つであってね。「鋼鉄の人」となって、神は人をしばかなきゃいけないわけ、バシッと。な？　そういう役割もあるわけだ。

まあ、〝神〟の私はね、「分け御霊《みたま》」と言いたいところだけど、本当は、やっぱり

「本体」そのものだな。

里村　それほど、ロシアの民《たみ》が堕落していたとおっしゃるわけですね？

スターリン　堕落してましたよ。だから、「帝政《ていせい》を粉砕《ふんさい》する」っていうことはものすごい善だよな。善のなかの善だよ。

一部の貴族と皇帝を取り巻く一族が奢侈《しゃし》な生活をし、大地主《おおじぬし》がたらふく食って、ダンスに明け暮れて、パーティーに明け暮れて、貧しい農奴《のうど》たちはこき使われて、搾取《さくしゅ》されて、殺されて、野垂《のた》れ死《じ》にしていた。これを解放する人がいなきゃいけない。

〝偽《にせ》キリスト〟のトルストイなんかでは、これを救うことができなかった。本物のキリストは、やはり武力を持って立ち上がらなければならんわけだ。

〝神〟として、貧しい人に「世界帝国《ていこく》建設への夢」を与《あた》えた？

大川真輝　今、「トルストイ」というお名前があったのですが、以前、当会では「トルストイの霊言《れいげん》」が録《と》られまして（『トルストイ――人生に贈《おく》る言葉』〔幸福の科学出版刊〕参照）、そのなかで、「歴史には『イフ』があって、実は、ロシアに共産主義革命が起こらないような歴史もありえたのではないか」というようなお話がございました。

スターリン　まあ、あれだろ？　捕《つか》まって、十字架《じゅうじか》に架かって処刑されたら全部キリストになれるなら、いくらでもキリストなんかつくれるわな。

大川真輝　なぜ、スターリン様が、ロシアという土地を選んで生まれてこられたのか。スターリン様のような偉大な方ですと、「権力を得ていく途中《とちゅう》で悪魔が入った」

というような話もありえますし、「初めから独裁者になるべく生まれて、〝皇帝〟になった」ということもありえます。「そのどちらであるか」ということが私は気になっておりました。

ただ、初めのほうのお話ですと、「皇帝になるべくして生まれた」ということでしたので、「なぜ、ロシアという土地を選ばれたのか」という点について、お聞かせいただきたいと思います。

スターリン　やっぱりだな、〝神〟としてだな、貧しい人たちを救わないといかんからな。貧しい人たちに、希望、夢、理想を与《あた》えんがために、「世界帝国《ていこく》建設への夢」を与えたわけね。

金持ちから収奪《しゅうだつ》し、現金輸送車を襲《おそ》うなんて、善の善なるもんだよな。その金はみんな、金持ちのところに送られていって、資本家の工場建設とか、そういう蓄財《ちくざい》のために使われる金だからね。そんなものは、「血を抜《ぬ》く蚊《か》」みたいなもんで、血を抜いてやらないかんわけだね。だから、全然、悪いことじゃないんだよ。

私は、もともとからの〝神〟であるからして、そういう貧しい農奴制がずーっと続いて、一部の特権階級だけが得をしておった、そういうロシアを解放する使命があったわけだ。

今は、同じような考えがアメリカまで攻め込んでいってだな、ウォールストリートも壊滅《かいめつ》の危機にあるわけだよな。「一パーセントの人が九十九パーセントの人を支配しとる」みたいな感じでな。

「九十九パーセントは貧しく、一パーセントだけが大金持ちになっとる。これを引っ繰《く》り返さないかん」っていうんで、アメリカにはもうすぐ〝スターリン革命〟が起きる。フッハッハッハ（笑）。

大川真輝　分かりました。

4　先の大戦におけるソ連の陰謀《いんぼう》を明かす

日露《にちろ》戦争は「日本に勝ってたけど、負けてやった」

大川真輝　できれば、ここから少し、歴史的なお話をお伺《うかが》いしたいと思っているのですけれども。

スターリン　なんだ、おまえ、線が細いなあ。もう一回、鍛《きた》え直す必要があるだろうな。

大川真輝　ありがとうございます。まず、「第二次世界大戦」に関するお話をお伺いしたいと思います。「幸福の科学」の考え方のなかには、特に、アジア戦線に当たる戦争について、「大東亜《だいとうあ》戦争は、日米の覇権《はけん》戦争であった」という視点が、一つございます。

スターリン　なーんで。知らーんね。

大川真輝　「第二次大戦」が始まる以前には、日本はアメリカと、ナンバーワンを争うぐらいの国力《こくりょく》を持っていました。

スターリン　それは間違《まちが》いですよ。それは間違いですよ。

大川真輝　まあ、それはいいんですけれども。
ただ、「第二次大戦」が終わったあとには、日本は敗れてしまい、大英帝国《ていこく》は国力を失い、何か、「結果的に得をしたのは、ソ連だった」というような感じがどうしてもするんですね。

スターリン　いや、ソ連（ロシア）はもともと強かったのよ。だから、（日露《にちろ》戦争も）日本に勝ってたんだけどね。「勝ってたけど、負けてやった」というか、われらの革命が迫《せま》っとったために、負けてやったようなもんだよな。

もう、それが歴史の計画なんじゃないかな。「革命を起こすために、負けてやった」っていうことかなあ。

「戦後は米ソ決戦に勝ち、世界一の帝国《ていこく》になるつもりだった」

大川真輝　そのような結果を踏まえまして、スターリン様は、「第二次大戦」をマクロの視点で見て、いったいどのような戦略を持っておられたのでしょうか。そのあたりをお聞かせいただければと思います。

スターリン　うーん？　第二次大戦をマクロの……？
とにかくだね、（ソ連は）なんか、日本の六十倍からの国土を持っとったからな。それは、ほとんど世界の半分みたいなもんだな。
だから、その国土を治めることは大事だし、中国まで取れれば、もっとよかったしな。インドも取れたら、よかったなあ。中東も、もう下りていけば取れる。わしが、「もっと取ろう」と思えば取れたな。何だかちょっと、ワインが回ってしもうて、もう一丁、すっきりせんでなあ。これ、どうしたんか知らんが、世の中うまくいかんな、もうひとつ。
里村　今、大川真輝理事から質問があったのは……。
スターリン　うん、何だって？

里村　「第二次大戦に勝ち残るために、どのような戦略を持っていらっしゃったのか」ということです。

スターリン　君、その質問の意味が分かるか。何を言ってんだ、いったい。うん？

里村　ですから、例えば、閣下は、ソ連として、どのような「生き筋《すじ》」を考えておられたのでしょうか。あるいは、閣下が〝世界の皇帝《こうてい》〟として立たれる上で、もともとどのような計画を持って、地上で戦争の時代を迎《むか》えられたのでしょうか。

スターリン　だから、ブンブンブンブン飛び交《か》っている、蚊《か》か蠅《はえ》みたいな日本とジャーマン（ドイツ）をぶっ叩《たた》いてだね、ぶっ潰《つぶ》して。まあ、イギリスは、もう潰れかかっとったから。

それで、アメリカが勝って、次は、「アメリカと決戦をして、世界一の帝国になる」っていう、もちろん、そういうつもりでやっとったな。

実際、（米ソの冷戦では）ソ連が勝っとったわな。わしを立てとったら、最後まで勝ったと思うんだが。あのフルシチョフめが、本当に裏切り者がのぉ、わしを〝削除《さくじょ》〟しようとして、もう……。なあ？　歴史の英雄《えいゆう》の名前から、わしを消そうとしたからな。

そのために、〝神の祟《たた》り〟が及《およ》んでだね、勝つべき戦いに敗れとるんじゃないかなあ。だから、ロシア（ソ連）が世界を支配するのが、本当の〝神の意図〟だったわけだ。

綾織　いちおう、「米ソの冷戦が〝決勝戦〟だ」とすると、「日本とドイツが、それぞれアメリカやソ連と戦ったのは、〝準決勝〟みたいなものだった」という位置づけなんですね？

スターリン　まあ、そんなところかな。準決勝。うーん、サッカーか。なんか、そんな……。

綾織　そうした最後の「米ソの決戦」まで描いて、いろいろなプランを立てていた？

スターリン　そら、そうでしょう。

フルシチョフの「ケネディへの対応」を非難するスターリン

スターリン　何だあれは、本当に知らんが、ケネディとかいう小僧《こぞう》が出てきて、なあ？（キューバ危機のときには）なんか、はったりかましてさ。それに（フルシチョフが）尻尾《しっぽ》を巻いたのが、もう運の尽《つ》きだよな。

あのとき、わしのような偉大《いだい》な指導者がいりゃあね、もう有無を言わさず、アメリカに（ミサイルを）ぶち込《こ》ませるからね。

里村　なるほど、フルシチョフが尻尾を巻いたわけですね。

スターリン　ああ、弱い。気が弱い。だから、卑《ひ》怯者《きょうもの》だ。

　わしはもう「暗殺してやろう」と狙《ねら》っとったのに、やり損《そこ》ねた。逃《に》げ延びたんだ。卑怯だから、あれはな。もう本当に、逃げて、逃げて、逃げて、逃げて……。なあ？　生き延びようとしてな、あいつ。もうちょっとだった。もう一息で、毒殺できるところだった。

里村　まあ、フルシチョフの毒殺は、またあとの

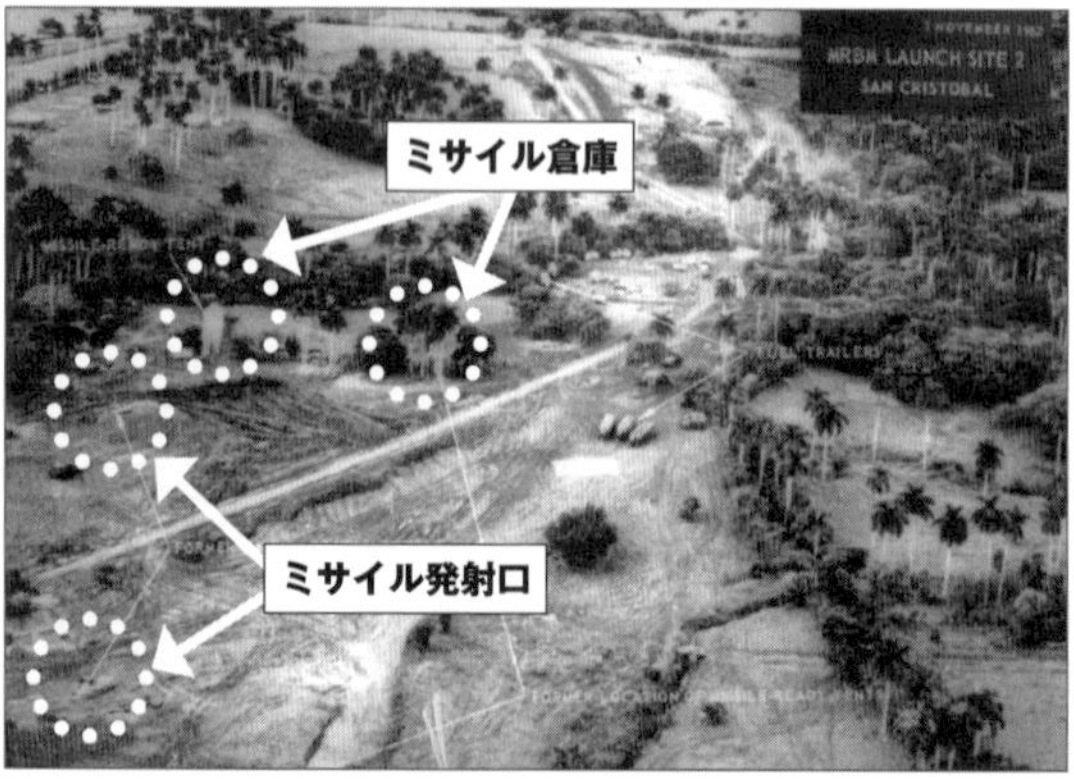

キューバ危機　1959年、キューバ・カストロ政権がアメリカと対立し、ソ連と接近して核ミサイルを国内配備したことで米ソ対立が激化。1962年には全面核戦争の危機に瀕したが、ソ連がミサイル撤去を表明して回避した。(写真：キューバに配備されたソ連の準中距離弾道ミサイル。丸囲み部がミサイル発射口および倉庫)

話としまして……。

スターリン　あいつは毒殺に値《あたい》するよ。

里村　今、第二次大戦の話ですね。

スターリン　ああ。うん、うん。

ソ連スパイが暗躍《あんやく》していたのは事実か

大川真輝　今、非常に威勢《いせい》のいいことをおっしゃられたのですが、実は、日本などで先の大戦を振《ふ》り返るときには、「ソビエトの陰謀史観」のようなものが、語られることが多いのです。

コミンテルン（第三インターナショナル）　世界革命の実現を目指すために結成された、数十カ国の共産主義政党・組織からなる国際組織。20世紀前半期、主要国に大量のスパイを潜入させ、政治的に暗躍したともいわれる。（写真：コミンテルンが発刊していた理論誌）

スターリン　陰謀？　ふーん……。

大川真輝　「ソビエトのコミンテルンのような組織が、蝿がブンブンするように、日本国内へこっそりと大きな影響《えいきょう》を及ぼしていたのではないか」ということも、さまざまに語られています。

例えば、特に、東アジア戦線のほうでいいますと、一つは、「張作霖爆殺事件《ちょうさくりんばくさつじけん》」というものがありました。

スターリン　うん、うん、うん、うん。

張作霖爆殺事件（奉天事件）　中華民国の奉天派（もともとは日本の関東軍から支援を受けていた中国東北部の軍閥）の総帥・張作霖（写真右）が、1928年、満州鉄道に乗車中に奉天付近で爆殺された事件（写真左）。首謀者は河本大作大佐とされたが、一説にはコミンテルンの謀略ともいわれる。

大川真輝　それから、これは中国共産党のほうですけれども、盧溝橋《ろこうきょう》事件《じけん》について、「これが起きる原因となった一発目の銃弾《じゅうだん》は、中国共産党からのものだったのではないか」ということがあります。

スターリン　うん、うん。うん。

大川真輝　また、さらに、南京《ナンキン》戦に至る前の事件ですが、第二次上海《シャンハイ》事変について、「これをさらに大きくするように仕掛《しか》けたのは、ソ連のスパイとされる中国の将軍だった」というようなお話もあります。

盧溝橋事件　1937年、北京市南西の盧溝橋付近（写真中央部）で夜間演習中の日本軍に中国兵が発砲し、武力衝突が発生。以後、支那事変から日中戦争へと事態が拡大した背景にはコミンテルンが関わっているともいわれる。

スターリン　うん、うん。

大川真輝　だいたい、この三点あたりが、「コミンテルンの陰謀によって、日本は大戦に引きずり込まれたのではないか」という論点として存在します。このあたりの真相のようなものが、もしありましたら、お聞かせいただきたいと思います。

スターリン　「引きずり込まれた」っていう、なんか、〝ベッドに引きずり込まれた女〟みたいな言い方して、情けないわ。それ自体が情けないな。

それは、敵か味方で、敵になりゃ、誰《だれ》だって、何だってするからさ。それは、いろんな接点はあ

第二次上海事変　1937年、上海の日本人居住区を中国軍が包囲、攻撃。当初、日本側は戦闘不拡大に努めたが、中国の爆撃機が領事館や軍艦、市街地を爆撃（写真）。多数の一般人死傷者を出したため、日本軍は全面的応戦に転じ、上海を制圧した。

ったかもしらんけども、少なくとも、中国は、わしが狙《ねら》っとったんだからさ。中国から朝鮮《ちょうせん》半島までは、わしが狙っとったんだからさあ。「日本ごときが取る」っていうのは、けしからん話だな。

わしらは日露戦争で判定負けしたようには見えるが、これは革命のための負けであってね。革命をして、強くなったあとは、もう一回、全世界制覇へ向けて躍進《やくしん》する。

特に、わしの五カ年計画は優《すぐ》れものだからな。もう、あれで、世界最強にすでになっておったのだよ。

第二次大戦は終結したのかもしらんけど、そのあとは、ソ連が世界一だったはずなんだよ。アメリカを抜《ぬ》いとったはずなんだ。

だから、フルシチョフは、もう弱くしてるんだよな

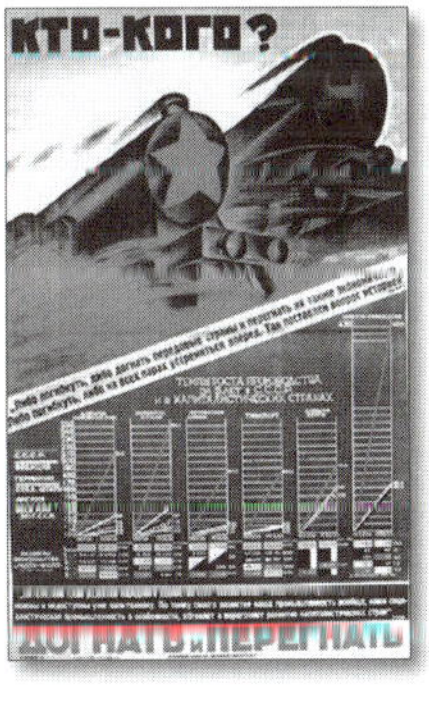

五カ年計画　スターリンが打ち出した、二度にわたる経済政策（1928年「第一次五カ年計画」、1932年「第二次五カ年計画」）。企業の再国有化や農業集団化、重工業優先の計画を実施（写真：「追いつき、追い越せ」というスローガンのポスター）。急速に国力が回復する一方、強引なノルマ達成の陰で大量の犠牲者が発生した。

あ。

里村　いえ。フルシチョフの話は、結構ですので……（苦笑）。

スターリン　うん、うん。

里村　そうすると、今、質問がありました張作霖爆殺事件ですが、日本では昭和の初め、一九二八年に起きました。あるいは、盧溝橋事件、第二次上海事変が一九三七年に起きています。

このような、日本が中国（中華《ちゅうか》民国）との日中戦争という泥沼《どろぬま》に入る部分で、やはり、実際にソ連の関与《かんよ》はかなりあったということですね。

スターリン　いや、そんなねえ……、君、ちっちゃい戦いや陰謀《いんぼう》は、わしの名前に付けないでくれよ。わしが戦うときは、十万や百万人は殺すつもりでやるからな。そんな小さい戦いは、わしのせいにせんでほしいなあ。

そんなのは、日本軍の二流の参謀が考えたか、中国の、逃げながらやるような悪いやつが考えたか、どっちかだよ。

わしらは、そんな小さいのは考えてないよ。知恵《ちえ》を与《あた》えたことはあるかもしらんけども、そんなこと、わしらが直接かかわるようなことではないわな。

スパイを送ったのは、ドイツと日本の「同時攻撃《こうげき》」が嫌《いや》なため

大川真輝　スターリン様は、「日本が満州《まんしゅう》のあたりにまで足を伸《の》ばしたころより、日本に攻《せ》め込まれるのを非常に恐《おそ》れていた」というようなお話もありまして……。

スターリン　そんなの、まあ、撃滅《げきめつ》する気であったから、当然、あれだけど。ただ、ちょっとな、ドイツと日本の同時攻撃《こうげき》は嫌《いや》だなとは思うてはおった。それ

は、やっぱり、両方は嫌だな。国が長いからな。両方からはちょっと嫌だとは思うておったがな。

だから、「反共」ということで全部（手を）結ばれたら、それは、やっぱりきついな。それはきつい。確かにな。

綾織　それを避《さ》けるために、もうあらゆる手を尽くしましたよね。スパイを何百人と、日本にも送り込むということがありました。

スターリン　うーん……。まあ、それは国が大きいので、いろんな人が公務員として仕事はしとるからね。それはあるだろう。

それは、ルーズベルトのところにだって送っとったぐらいだから、そら、まあな。

里村　やはり送られていましたね。

スターリン　それは、やりますよ。そのくらいやりますよ。

だから、ソ連の掌《てのひら》の上で世界は動いておったのよ。

里村　例えば、ハルノートを書いた、ハリー・デクスター・ホワイトとか……。

スターリン　うん、うん、うん。おまえ、ちょっとは教養あるんだな。

里村　いやいや、とんでもないです。

ハリー・デクスター・ホワイト
(1892～1948)
アメリカ・ルーズベルト政権時代の財務次官補でコミンテルンのスパイ(コードネーム Jurist、Richard として活動)。日米交渉文書「ハル・ノート」作成時、強硬な対日姿勢が反映された草案(ホワイト試案)を提示。日米開戦への最後通牒のかたちとなった。

スターリン　ええ？　大したもんだな。

里村　いえいえ。もちろん、すべてが閣下直接ではないにしても、閣下の部下がいろいろと手配して、やっていたと。

スターリン　だから、日露戦争で敗れたあとはね、わしの出現を待って、やっぱり、帝国は完成を見たわけよ。求められていた存在なんだよ。

「日本には人材がおらん。ソ連には資源が何でもあった」

大川真輝　少し質問を変えさせていただきたいのですが、第二次大戦当時の日本首脳部に対する印象は、どのようなものだったのでしょうか。

スターリン　日本首脳部に対する？

大川真輝　例えば、近衛文麿《このえふみまろ》ですとか、そののちの東條英機《とうじょうひでき》でも構いません。

スターリン　いやあ、日本には人材がおらんでな。もう全然、相手にならんな。人材はいない。

里村　いないですか？

スターリン　うん。ゼロ。人材なんかいない。もう小童《こわっぱ》ばっかり。全然、人材なし。

里村　しかし、日本の動きは恐《おそ》れていたと。

スターリン　恐れてたっていうか、戦争すれば、ちょっとは被害《ひがい》が出るからな、いずれにしてもね。

だから、十分に、先の日露戦争の研究から、「どうやって勝つか」ということは、やっておったとは思うけど。

何せ、資源豊富なソビエト連邦《れんぽう》だから、何でもあったからね。石炭も、石油も、鉄鉱石も。ねえ？　何でもあった。

おまえたちが喉《のど》から手が出るようなものも、みんな持っとったからね。おまえたちにないものが全部あった。貿易しないでも、手に入ったからな。

おまえらは、まあ、シベリアあたりまで取りたかったかもしらんがな。

スターリンは「ドイツと日本」をどう見ていたのか

里村　しかし、「日ソ中立条約をソ連の側からも結ぼうと必死で、当時の松岡洋右《まつおかようすけ》外相などに対し、閣下自《みずか》ら、ものすごく丁重《ていちょう》な対応をした」ということが、いちおう史実として遺《のこ》っています。

今の閣下のお言葉とは、少し矛盾《むじゅん》した行動のようにも思えますけれども。

スターリン　まあ、ヒットラーのな、最初の電撃戦がちょっとすごかったでなあ、やっぱり。わしほどではないにしてもな、それでも、あれ（ヒットラー）も悪いことを考えるからな。

だから、あれを〝料理〟しないといかんから。このへんは、やっぱり、わしの知恵だろうな。「日本とドイツをうまいこと料理できた」っていうのは、やっぱり。

だから、ドイツを英仏と戦わせて弱らせて、日本も中国の内陸部に深く入りすぎて、戦線が延び

日ソ中立条約　1941年、相互の領土保全や不可侵等を定めた条約。条約締結後、スターリンは松岡洋右外相と祝杯をあげ、翌日は、帰国する松岡らを見送りに自らヤロスラブリ駅へ赴き、握手・抱擁を交わした（写真：松岡洋右とスターリン）。

すぎてだな、かなり苦しくなってはおったな。小さな国が大きいところに手を出してな。

ただ、ソビエト本体までは、ちょっと無理だな。「日本がモスクワまで攻めてくる」なんていうことは、考えられんことではあったがな。

まあ、確かに、（敵が）同時に二つにならんようには、気をつけてはおったわな。だから、ドイツを叩いて、息の根を止めてから、日本侵攻《しんこう》に入って、その分、日本占領《せんりょう》をし損《そこ》ねたけどな。北方領土ぐらいまでしか取れとらんから。もうちょっと、もうあと一カ月あったら、北海道までは取れたんだがな。ちょっと惜《お》しかったなあ。

里村　そのあたりの野望もお伺いしたいのですけれども……。

5　スターリンは当時の世界の指導者たちをどう見ていたか

「戦後はアメリカを追い抜《ぬ》いたし、戦ったら勝ってたと思う」

大川真輝　第二次大戦後、朝鮮《ちょうせん》戦争が起き、それから、米ソ冷戦の時代に入っていきましたので、「アメリカ側としては、少し、ソ連に対する考え方が甘《あま》かったのではないか」というような意見も、数多くの霊言《れいげん》で出てきています。

例えば、「ルーズベルトの霊言」などでは、スターリン様のことを、当時としては、「田舎《いなか》の頼《たよ》りになる農家のおっさん」みたいな感じに見ていたというような言い方をされていまして……（『原爆《げんばく》投下は人類への罪か？　――公開霊言　トルーマン＆F・ルーズベルトの新証言――』〔幸福実現党刊〕参照）。

スターリン　何という言い方をするんだ！　ああ？

大川真輝　「少し認識が甘かった」というようなお話を頂いているのですけれども……。

スターリン　車椅子《いす》のじいさんが、何ということを言うんだよ。

里村　差別用語です。

大川真輝　「当時、アメリカのほうをどのように見られていたのか」というところをお訊《き》きしたいと思います。

スターリン　うーん、アメリカねえ。うち（ソ連）は雪が多かったからね。雪のせいで、農業の生産性がもうひとつ低かったんでね。

だから、「工業国家」に生まれ変わらそうとして、努力はしておって、それは成功したとは思うけどな。

だけど、戦争が終わるまでは、まだちょっと、アメリカのほうが、うーん、その前の自動車工業等は発展しておったでな。

戦後は追い抜《ぬ》いたと思うんだよな。「宇宙競争」まで入って、追い抜いたと思うんだよ。

これは、やっぱり、社会主義の強さだよな。国家が全力投球すれば、何事も成し遂《と》げることができるからな。

だから、戦後は勝ってたと思うんだ。アメリカと戦争したら、勝ってたんだよ、あれは。しなかったのが間違《まちが》いで、ズルズルと長く引っ張っていったのが間違いなんだよ。やればよかったんだよ。

里村　つまり、アメリカと戦って勝つつもりでいらっしゃったんですか。

スターリン　もちろん、そのつもり。命があればな。

里村　ということは、第二次大戦中、アメリカとソ連は、いちおう、連合国側であったわけですけれども、アメリカに対して、「当然、いつか戦うべき、そして、勝つべき相手である」と認識されていた？

スターリン　いや、そらねえ、バルト三国を取ったら、次はイギリスだって取る気もあったしな。イギリスを取ったら、アメリカと戦争になるわね。「アメリカとは雌雄《しゆう》を決しないといかん」とは思うとったよ、それはね。だから、わしは〝永遠の若さ〟を保ちたいと思うとった。

ソ連は「中国の共産主義」とは合わなかった

里村　ただ、一九五〇年の朝鮮戦争のとき、実際に北朝鮮の金日成《キムイルソン》が、ソ連にいろいろな協力要請《ようせい》をしても、スターリン様は、「アメリカと正面から戦うのは嫌《いや》だ」ということで、お避《さ》けになったと……。

スターリン　いや、ちょっとは出したよ。

里村　はい、はい、はい。確かに。

スターリン　ちょっとは兵を出したり、軍隊もちょっとは出したけど、実質上の戦いはしなかったな、はっきり言って。かたちだけな。かたちだけした。

中国が、主としてやったようだけどな。中国とも、最初は協力関係が結べるかとは思うたんだが、仲《なか》が意外に悪くてな。兄弟仲が悪いようなもんかな。ちょっと何か、肌合《はだあ》いが合わないところがあってな。

やっぱり、ロシア人はもともと頭がいいだろう？　だから、中国の、何と言うかさあ……、勤勉じゃないよな、中国人ってのは。勤勉じゃないな。縦のものを横にもしないような、なあ。もう、サボってサボってするからさ、鞭《むち》打たないかぎりな。あの体質と合わんのだ。

ロシアは、もう命令をきかなかったら、すぐシベリアの収容所だからね。もうみんな、ピシッと命令はきくからね。「重工業生産体制」ってのは、それは、もう一《いっ》糸《し》乱れぬ体制であってね。中国みたいな、あんな、いかがわしい共産主義とは一緒《いっしょ》にはいかんのだな。

里村　いかがわしい……。

スターリンの政治は、「即処刑《そくしょけい》」という非常に正直なものだった？

綾織　ちょっと、大戦のほうに話を戻《もど》したいのですけれども、ルーズベルト大統領については、もうご自身では、「騙《だま》し切った」という感じでいらっしゃるわけですか。

スターリン　え？　ルーズベルト？

綾織　はい。

スターリン　騙し切った？　何を。あっちもけっこう悪い男だからね。でも、お互《たが》いに利用し合ってるだけだから、「どっちがどっちを騙したか」と言われても、それは何とも言えんな。

あっちも、戦争したくてたまらんのに、選挙公約では、「戦争はしません」って言って、やるんでしょう? なんか、こういう民主主義なるものは、絶対信用できないね、わしは。

やっぱり、正直な人間は好きだなあ。「言うことをきかんかったら殺す」と。はっきりしてる。これは非常に正直な政治だよな。「わしの方針はこうだ! 言うことをきかんやつは、はい、処刑《しょけい》!」。それだけのことだ。これは、もうみんな、〝嘘《うそ》のない世界〟がそこに生じるよな。

民主主義ってのは、もう騙し合いだからね。「いかにうまく騙したところが、多数派をつくるか」だから、こういう政治は早く地上から消えたほうがいい。

「チャーチル」や「民主主義」をどう見ているのか

里村　そうしますと、正直に、閣下のことを「悪魔《あくま》」と話したイギリスのチャーチル首相は、いかがでございましたか。

スターリン　ブルドッグが。

里村　（苦笑）

スターリン　ええ？　何を言うか。たかが、犬畜生《ちくしょう》。なあ。

里村　チャーチル首相が閣下のことを「悪魔」とおっしゃったことは、スターリン閣下も、生前からご存じだったということですね。

スターリン　うーん。〝称号《しょうごう》〟だと思うとったな。やっぱり、偉大《いだい》なる皇帝《こうてい》への〝称号〟かなと思うとったがな。「それほど怖《こわ》い。恐《おそ》ろしい」ということだな。

里村　チャーチル個人の印象というのは、どのようなものだったのですか。

スターリン　まあ、選挙で何度も落ちて、情けない。ああいう制度は早くやめたほうがいいよ。

里村　ああ、民主主義をですか。

スターリン　「いったん権力を取ったら、もう死ぬまで離《はな》さん」っていうのが正統な政治であって。政治の一貫性《いっかん》ね？　国を強くしたかったら、もうそれしかないな。やっぱり、暗殺されないかぎり、権力は握《にぎ》り続けなきゃいけない。だから、選挙でさあ、まだ戦えるのに「負けたら落とされる」なんていうこととかね、あるいは、右に行ったり、左に行ったりするような二大政党みたいなのをやった国はね、弱くなって、全部滅《ほろ》んでいくんだよ。

人権など何とも思わない「共産主義国」は強い国？

里村　そうすると、先ほどの、大川真輝理事からの、「アメリカをどう見ていたか」という質問に答えるとすると、「トータルでは利用するだけ利用する。しかし、最後は、雌雄《しゆう》を決して勝利するつもりでいた」ということですね。

スターリン　いや、そのつもりだよ。もちろん。

里村　なるほど。

スターリン　負ける余地はないもん。どう考えてもね。やっぱり、「共産主義の強さ」っていうのには、すごいものがあるからな。もう庶民《しょみん》は〝完全なる平等〟の下《もと》に、貧困のままに生きておってね……。

里村　（苦笑）

スターリン　金は、全部、軍事につぎ込《こ》めるんだから、こんな優《すぐ》れた体制はないでしょう。だから、軍事的に負けるはずがないんだ。

里村　「貧困の下の平等が実現していて、それが強さの秘訣《ひけつ》である」と。

スターリン　それはな、昔から、宗教的には、「貧乏《びんぼう》である」っていうことは、やっぱり「天国へ行く条件」だからね。それ以外の富は全部軍事につぎ込んで、敵国を粉砕《ふんさい》する。これが大事なんだな。

それを、君ら（の国）みたいに、福利厚生《ふくりこうせい》みたいなものに撒《ま》いとったら、それは勝てないよ、戦《いくさ》はな。だから、君らの国も、もうすぐ、また滅びるから。やられちゃうだろうから。

共産主義国をなめちゃいかんよ。強いよ。人権なんて、何とも思ってないから。

里村　人権を何とも思っていない？

スターリン　何とも思ってない。

「毛沢東《もうたくとう》は、逃《に》げ回っておった弱虫だ」

里村　当時、まだ、世界的には、そんなに活躍《かつやく》してはいませんでしたが、毛沢東《もうたくとう》という指導者がいました。

先ほど、中国に対して……。

スターリン　ああ、それは後進の者だな。後進というか、わしらの黄金期には、あ

れ（毛沢東）は、ほとんど逃《に》げ回っとるだけだったからな。ほとんど逃げ回ってお
った弱虫だ。逃げて、逃げて、逃げて、逃げて……。
いやあ、いちおう、まねしてるんだよ。ソ連の戦い方をまねしてな。

里村　ええ。

スターリン　ナポレオンに勝った戦いや、ヒットラーに勝った戦いをまねして、「とにかく、相手を内陸部に引きずり込んで、敵の補給ラインが伸《の》び切ったところを叩《たた》く」っていう作戦だろう？　つまり、日本を中国の内陸部に、ずっと何百キロ、何千キロと……、まあ、何千キロもないかもしらんけど、それくらい引きずり込んで、補給ラインが伸び切ったところをゲリラで叩くという作戦だろう？　その作戦をやってたんであってな。
だから、日本が中国の内陸部まで侵攻《しんこう》したから、それを「侵略した」っていうの

は違うな。それは、向こう（中国）の作戦だから。いっぱいいっぱいまで長蛇《ちょうだ》の陣《じん》を敷《し》かせて、補給を断《た》って、ゲリラ戦で叩くという作戦だね。これの原形は、わしらのほうにあるからさ。

里村　なるほど。要するに、実は、毛沢東は単なる模倣者《もほう》にしかすぎないと……。

スターリン　そう、そう、そう。毛沢東なんか、ほんとに、いつ勝ったんだろうな。まあ、どうしたんだろうねえ、あれ。おかしいね、あの国はなあ。

綾織　毛沢東に対して、スターリン閣下が、いろいろな導きを与《あた》えたということはないのですか。

スターリン　うーん……。

綾織　ご自分がお亡《な》くなりになったということが分からないとは思うのですが……。

スターリン　毛沢東……。

綾織　核《かく》大国をつくっていったというのは……。

スターリン　（毛沢東は）ずっと、わしのまねをしとったんじゃないかな。そんな感じがするなあ。わしのまねだろうな。

綾織　はあ。

スターリン　わしのまねをしたんじゃないか、あれは。

●わしのまね……　1949年12月、スターリン70歳の誕生日祝賀式典に招かれた毛沢東は、「全世界人民の教師であり友人」とスターリンを称えるとともに、政治・軍事問題について指導を仰いだという。

6　戦勝国は戦後、何を目指したのか

アメリカの原爆《げんばく》開発を知っていたスターリン

里村　戦時中の話に戻《もど》りますが、途中《とちゅう》で、アメリカの大統領がルーズベルトからトルーマンに替《か》わりました。

スターリン　うん、うん。

里村　そして、一九四五年七月に、トルーマンから、「原爆《げんはく》実験に成功した」と示《し》唆《さ》されました。

スターリン　ああ、ああ、ああ。

里村　スターリン閣下は、やはり、「原爆の開発において、アメリカに先を越《こ》された」ということがかなりショックだったのでしょうか。

スターリン　いや、うちも（原爆を）つくってたから、別に、ショックでもなかったし、（アメリカの原爆開発を）知ってたよ。

里村　はあ。

スターリン　だから、別に、何も驚《おどろ》かなかった。

まあ、トルーマンは、そういう、「超《ちょう》秘密兵器みたいなものが完成した」みたいなことを言うとったが、わしが反応しなかったから、「何も知らんのだ。しめしめ」

と思ってたけど……。

里村　そうですね。ええ。

スターリン　こっちは、ちゃんと知っていたし、こっちも原爆は開発しとったんだ。

里村　はい。

スターリン　うーん。原爆は、あっちがつくったからな。そのあと、水爆は、こっちも開発したしね。

だから、負けてるつもりはなかったよ。知ってたから。

里村　なるほど。

スターリン　うん、うん。やってたのを知ってたもんな。

広島への原爆《げんばく》投下直後に、ソ連が日本への攻撃《こうげき》を開始した理由

里村　しかし、実際に閣下は、広島への原爆《げんばく》使用をご覧になって、予定を早め、すぐに満州《まんしゅう》などへの攻撃《こうげき》を開始しました。つまり、日本への侵略《しんりゃく》を開始したわけですが、このあたりは、どういうことだったのでしょうか。

スターリン　いやあ、獲物《えもの》が獲《と》れないと困るでしょう。

里村　ほお。

スターリン　獲物を取り逃《に》がす恐《おそ》れがあるからさ。あんた、日本は、「八月十五日

で戦争は終わった」なんて、勝手に言うとるけど、こちらは、その前に宣戦布告《せんせんふこく》してんだからさ。

里村　ええ。

スターリン　宣戦布告して、正式に戦いを挑《いど》んで、取るべきものを取ったけど、国際社会で、「(戦争は) いちおう終わった」という承認が出てしもうたからさ。

里村　はい。

スターリン　それで、戦いを潔《いさぎよ》く……、まあ、そうでもないけども、いちおう止《や》めざるをえなくなったので。取り損ねた悔《くや》しさは、ちょっとだけあるなあ。

●ソ連の宣戦布告　大戦末期の1945年8月8日、ソ連は日本に宣戦布告。8月14日、日本はポツダム宣言の受諾を決定し、連合国側に通告。ソ連軍総司令部も8月24日には正式な停戦命令を出し、9月2日には日本が休戦協定に調印。しかし、極東ソ連軍はそれを無視し、北方領土を占領した9月5日まで侵攻を継続させた。

「第二次大戦中で、約束を守ったのは日本だけだった」

里村　ただ、「宣戦布告した」とおっしゃいますが、日ソ中立条約が、まだ有効な期間において、一方的にそれを破ったということは……。

スターリン　何を言ってるの、君ら。やっぱりね、軍事において、それは兵法なんだからね。いいかい？　第二次大戦中で、約束を破らなかったのは日本だけなんだよ。

里村　ええ。

スターリン　日本はドイツを最後まで裏切らんかったからな。だから、ドイツ国民は、いまだに日本に対して、尊敬の念を持っとるんだよ。

日本だけなんだよ、ドイツを裏切らなかったのは。みんな、裏切り合いだからな。

里村　ええ。

スターリン　〝狸《たぬき》・狐《きつね》〟の化《ば》かし合いだからさ。

里村　はい。

スターリン　それは、いつ裏切るかだけど……、裏切らないまでの間の証文《しょうもん》が、その約束であって、チャンスがあったら裏切るのは、みな一緒《いっしょ》なんだ。

ドイツが、あれだけひどい目に遭《あ》ってても、最後までドイツを裏切らなかったのは日本だけだ。

里村　ああ。

スターリン　ドイツは、それを知ってるからさ。その意味で、ドイツ国民の感情は親日的だわな。

本当は、あんなドイツは、早く裏切らなければいけないんだけどな。

「自分は欲が少なかった」と主張するスターリン

綾織　その裏切りの部分について言えば、ヤルタ会談においてアメリカとイギリスと会談して決めていったわけですが、ここでは、さらに、「国連の創設」という議題が出ました。

スターリン　ああ、平和の理想だね。やっぱり、わしは〝神〟だったということを実感するな。

綾織　ただ、国連をつくるということで、いろいろな会議を重ねていったわけですが、そこで、（アメリカ側は）スターリン閣下の意図が、だんだん分かってきて……。

スターリン　おう、「閣下」が付いたなあ。やっと付いたな。

綾織　（苦笑）当時は、トルーマン大統領になっていましたが、アメリカ側には、「国連は機能しないのだ」ということが分かってきました。

スターリン　うん。

綾織　戦後体制は、そこで決まっていったのだと思うのですが、閣下は、すでにヤルタ会談の時点で、「冷戦をして、アメリカと戦っていくのだ」と決めていたのでしょうか。

スターリン　いやあ、「(第二次大戦で)アメリカとソ連と、どっちが活躍《かつやく》したか」っていうことの判定は、歴史的には極《きわ》めて厳しいものがあるな。

やっぱり、ドイツは、ソ連の参戦なくしては破れなかった可能性が強いからな。地上戦で破らないと、滅《ほろ》びないからね。

綾織　ええ。

スターリン　(ドイツの)技術力、工業力は、そうとうなもんだったからな。やっぱり、かなり進んでたと思うんだよな。世界最高水準まで行ってたから。それを地上軍で破ったっていうことは大きかったけどね。

それとアメリカが日本を破ったっていうのと、「どっちが、第二次大戦を終わらせた功績として大きいか」っていう判定の問題だな。これは非常に難しいところはあったから。

ほんとは、「取《と》り分《ぶん》」がな……。要するに、アメリカは、日本全土を「取り分」として取ったようなもんだからな。

わしらも、東欧《とうおう》は押《お》さえ込《こ》んだけどもね。東欧を押さえ込んだけども……。わしは、戦争は強かったんだけど、欲が少ないからね。だから、アメリカみたいに、うまく〝盗《ぬす》み取る〟のが、ちょっと遅《おそ》かったところがあったので、若干《じゃっかん》、残念だなあ。

綾織　いえ、負けていないと思いますが。

スターリン　いや、そんなことはない。欲が少ないもんでな。「少欲知足《しょうよくちそく》」と言うて、欲が少なかったんだ。

里村　いやいや。スターリン閣下から、「少欲知足」という言葉が出るとは思わなかったのですけれども……（苦笑）。

スターリン　うん。よう勉強しとるからね。

「もちろん、東京まで攻《せ》めるつもりだった」

里村　「少欲知足」であれば、北方領土は、すぐ返してくださってもよかったではありませんか。

スターリン　君たちに、少欲知足を守るように勧《すす》めてるわけ。まあ、本来、北海道はないものなんだから。一カ月……、いや、十日あれば、あれは取れたんだから。あと十日で。

それを、急いで、ミズーリ号の上での終戦の……、なあ？

里村　九月二日ですね。

スターリン　あれをやられたもんだからさあ。

里村　はい。

スターリン　終わったあとにやると、国際社会から糾弾《きゅうだん》されるような状況《じょうきょう》にあったのでな。

里村　それでは、当時、日本をどこまで取るつもり

降伏文書調印式　1945 年 8 月 14 日のポツダム宣言の受諾決定を受け、9 月 2 日、東京湾に停泊中のアメリカ戦艦ミズーリで行われた日本と連合国間の休戦協定の調印式。

だったのですか。

スターリン　もちろん、東京まで攻《せ》めるつもりだったな。

里村　おお……。

スターリン　日本の半分は、ベルリンみたいにやる気ではいたよ。

里村　ああ、ベルリンまでなだれ込んだように……。

スターリン　それはそうだよ。やる気満々よ。

綾織　トルーマンに対しては、「北海道の半分を取りたい」とおっしゃいましたよね？

スターリン　それは、まあ、「前菜《ぜんさい》まで」という意味で言っただけで……。

綾織　なるほど。さらに、そこから先があるわけですね。

スターリン　（日本の）半分を取りたかったなあ、できればなあ。
言うことをきかないやつをシベリアで働かせるのが趣味《しゅみ》。

スターリン　だけど、日本も、北のほうには大したものがないんだ。取るもんは、ほとんどないし、雪が降るから、これは、シベリアの続きみたいなもんで、大したもんはなかったんだけどな。

里村　そのシベリアについて、今、開発の話がいろいろと出ているのですが、閣下は、日本兵六十万人以上をシベリアに抑留《よくりゅう》しました。

スターリン　うん。

里村　なぜ、ああいうことをされたのですか。

スターリン　わしの趣味《しゅみ》だからな、それは。

里村　趣味？

スターリン　うん。「言うことをきかんやつは、シ

シベリア抑留　第二次大戦後、投降した日本軍捕虜や占領地の住民ら100万人以上がシベリアなど各地へ移送され、極寒の地で約10年間にわたる抑留生活と苛烈な労働を強いられた。このうち死亡者は数万人から30数万人ともいわれている。

ベリアで働かせる」っていうのが趣味だから。
　君らね、あの世に地獄《じごく》があると思っちゃいけないんだ。地獄は、この世でつくらなきゃいけないわけで。シベリアに地獄をつくって、見せしめが必要だったわけよ。わしらのなかでも、言うことをきかないやつは、シベリアに送って強制労働。日本人だって、悪さをしたから。やっぱり〝罪と罰《ばつ》〟だな。

里村　はあ。

スターリン　それを拭《ぬぐ》うために、シベリアで強制労働を十年ぐらいはやる必要があるわけよ。

里村　「この世の地獄をつくる」とおっしゃったのですが、閣下としては、日本が戦争に負けたとき、その段階で日本を滅ぼすべきだと思っていましたか。それとも、どうするおつもりだったのですか。

スターリン　取るものは何もない国だからねえ、ここは。実際上は、取るものは何にもないんでな（笑）。資源とか、何もないだろう？

里村　はい。

スターリン　日本円は紙くずだろう？　紙くずだから取ったって、しょうがないわな。全部、紙くずだからさ。

日本は、取るもんが何にもない国なのにさあ、生意気《なまいき》に、戦《いくさ》をする国なんだよな。

太平洋進出を阻《はば》む日本は、ソ連と中国共通の敵

スターリン　邪魔《じゃま》という意味では、ここがあると海洋進出がしにくいんだ。そうい

う国なんだよな。

里村　はあ。

スターリン　これについては、中国もソ連も同じだ。日本という、ちっちゃな長細い弓みたいな国があるために、いかに太平洋進出が阻害《そがい》されてるかっていう……。この意味では、両国とも利害は共通してるのよ。

里村　ええ。

スターリン　この日本さえなきゃ、太平洋へ出放題《でほうだい》なんだな、本当ねえ。これをどうにかしたいっていうのと、「中国とソ連のどっちが朝鮮《ちょうせん》半島を押さえるか」っていう問題はあったわな。

里村　はい。

スターリン　あれも、どうにかせないかん国であったな。

里村　ええ。朝鮮半島と絡《から》んでの中国ですね？

スターリン　だから、「朝鮮半島から日本を占領《せんりょう》しておけば、ここを前線基地にして、太平洋に出れる」っていうのは、ソ連も中国も同じだな。

里村　はい。

スターリン　たぶん、思惑《おもわく》は同じだと思う。

まだ死んだことが分からないスターリン

里村　第二次大戦の結果として、中国ではその後、共産主義国家・中国が成立する方向になったのですが、やはり、スターリン書記長としては、中国まで含《ふく》めて、ソ連の領土にするつもりだったのでしょうか。

スターリン　うん。まあ、一心同体であったら、国が別でも構わんのだけども、毛《もう》沢東《たくとう》が、わしのまねをして、個人崇拝《すうはい》を一生懸命《いっしょうけんめい》やり始めたよな。

里村　はあ。

スターリン　あそこまでやり始めたら、やっぱり、毒殺する必要があるな。

里村・綾織　うん？

スターリン　あれはな、まったくまねしてる。わしのまねをして、粛清《しゅくせい》はするしさあ、女を次々とつまみ食いしては消していくしさあ。わしのまねしてるね。

里村　まねしてる（苦笑）。

スターリン　全部まねしてるんだよ。個人崇拝はするしさ。『毛沢東語録』をつくってやるしさ。

里村　ええ。

スターリン　わしのまねしとるんだよ、あれは。嫉妬《しっと》しとったんだよ。

綾織　彼を（霊界《れいかい》から）手伝ったりはしなかったのですか。

スターリン　手伝うっていうことはないけど……。

綾織　閣下は、あの世にいらっしゃるわけですけれども。

スターリン　あのな、本来の共産主義は、「万国《ばんこく》のプロレタリアートの団結」だからな。だから、本来的には、ソ連で行ったことが、中国でも起きなければならんっていうのは、そうだが。わしの時代には、まだ、そこまで頭が回らんし、手が回らんかったな。

まねしてるのはええけど、だんだん、かわいくなくなっていったことは事実だな。

里村　ああ。それは、あの世から見ていたということですか。
スターリン　あの世って何？　「まだ生きてる」って言ってるだろう。
綾織　はあ、そうですか。
里村　分かりました。
スターリン　何言ってんの。
綾織　はい、そうですね。はい。

日本がシベリアに攻《せ》め込《こ》まなかったのは「ヒットラーに徳がなかったから」

里村　確認のために、もう一つお伺《うかが》いしますが、ドイツがソ連に攻《せ》め入ったときに、閣下はショックで、五日間ぐらい仕事不能状態になったという話も……。

スターリン　おまえなあ、根も葉もないことを言うでないよ。

里村　いやいや（笑）。そういう話が伝わっているというだけです。

スターリン　見てきたように言うなよ！

里村　閣下がいちばん恐れたのは、そのとき、日本が日ソ中立条約を破って、ソ連に攻め入ることでしょうか。やはり、（敵が）東から入ってくるのが、人生のなかでいちばん怖《こわ》かったことですか。

スターリン　まあ、そんなことはないけどな。日本が戦いを挑んでこなければ、シベリア鉄道で、シベリアのほうの駐留《ちゅうりゅう》の軍隊も、かなり西部戦線に投入できるからね。

やっぱり、戦力の逐次《ちくじ》投入みたいなのは駄目《だめ》だし、戦力の分散も駄目で、一挙に投入することによって勝てるからな。まあ、これは、賭《か》けとしては大きかったわな。

だから、うーん……、ヒットラーに徳がなかったんだろうな。徳があったら、日本軍は、シベリアに攻め込《こ》んだだろうね。徳が足りなかったね。

里村　ああ。

スターリン　大陸には、日本軍が、かなりの数いたからね。やろうと思えばできたとは思うんだが。

里村　はい。

スターリン　日本は、けっこう義理堅《がた》くて、条約とかを結ぶと、けっこう守るんだよな。

里村　先ほどのお話にも、「日本だけが約束を守っていた」とありましたが、そういうことですね。

スターリン　うん、まあね。

だから、最後は、日本一国だけで、全世界と戦っとったんだろう？

里村　はい。

スターリン　イタリアは情けないけど、ドイツも腰抜《こしぬ》けだよな。口ほどにもなかったな。

里村　うーん。

スターリン　最後、日本だけが孤立《こりつ》するとは思わんかったね。すべての連合国軍を相手にせないかんようになるとはなあ。

大川真輝　分かりました。

7　現代ロシアをどう見ているか

「ゴルバチョフはバカ、プーチンは軟弱《なんじゃく》」

大川真輝　戦争の話はたくさん伺《うかが》えたので、次の質問をさせていただきます。実は、今日の霊言《れいげん》を行う前に、大川総裁のほうから、「この霊言で、現代のロシア問題に関して、スターリンからは新たな視点で面白《おもしろ》い話が聞けるのではないか」という指摘《してき》がありました。

スターリン　うーん。チッ（舌打ち）。

大川真輝　そこで、現代のロシアを、どのように見ておられるのかなどについて、お聞きできたらと思います。

スターリン　だから、もう、ゴルバチョフっていうバカが一人出たために、国が滅《ほろ》びたわなあ。

あのバカ一人で潰《つぶ》した。あいつはバカだわ。ほんとに、お人好《ひとよ》しだわなあ。あのイギリスの化《ば》け狐《ぎつね》みたいな女宰相《さいしょう》に騙《だま》くらかされて、持ち上げられて、そして、崩《ほう》壊《かい》しよったんだ。

里村　アイアン・レディー（鉄の女・サッチャー元英首相）ですね。

スターリン　あのバカ一人が！

綾織　まあ、その後、いろいろな混乱があったのですが、今は、プーチン大統領という強い指導者が出てきています。この方については、どう思われますか。

スターリン　プーチンが強い？

綾織　あ、強くないですか。

スターリン　何が強いねん。

里村　おお。

スターリン　強かったら、ソ連邦《れんぽう》を、もう一回、制覇《せいは》せなあかんだろう。ええ？

綾織　まあ少し、その気《け》はありますけれどもね。

里村　例えば、ウクライナ問題では、しっかりとクリミアに関して……。

スターリン　ウクライナは、あんた、ソ連のもんでないか。何言ってんだよ。バカなんじゃないか。

里村　ああ、ウクライナそのものが……。

スターリン　うーん。あんな、独立しようなんてやつは、そらあ、空爆《くうばく》をかけないかんで。

里村　要するに、スターリン書記長からすると、今のプーチン大統領のやり方でも、まだ手ぬるいというわけですか。

スターリン　軟弱《なんじゃく》、軟弱！　あんなの手ぬるすぎるわあ。

里村　ほお。

スターリン　アメリカとかに対して、腰《こし》が砕《くだ》けて見えるっていうか、腰抜《ぬ》けに見えるわなあ。ウクライナなんて、戦車で席巻《せっけん》せなあかんよ。

綾織　はあ。どこまで行きますか。

スターリン　ええ？　どこまで？　そらあもう、海が見えるところまで頑張《がんば》らなあかんだろう。

綾織　海が見えるところまで（笑）。

「プーチンが独裁者なんて、ちゃんちゃらおかしい」

里村　そうすると、かつてのソ連を受け継《つ》いだロシアが、今のような領域では、あまりにも小さいということですか。

スターリン　うーん、まあ、大きいところもあるけれども、役に立たんところは大きいわな。永久凍土《えいきゅうとうど》みたいになっとるところはなあ。凍《こお》りついているところはたくさんあるけど（笑）、役に立たんからなあ。

里村　いや、しかし、そうした地域では、やはり、先ほど閣下がおっしゃった、天然資源が豊富です。

スターリン　ああ。

里村　そのため、今、日本とロシアの間で、経済交流の話なども活発に出ています。

スターリン　ああ。

里村　今、ロシアは、フランスやドイツと仲が悪いですから、今、こういう方向にあるのですけれども、これを支持されますか。

スターリン　うーん、まあ、プーチンの力が、わしの百分の一ぐらいしかないでなあ。だから、何ほどのことができるかは知らんがなあ。

あんなので「独裁者」なんていわれてるっていうのは、もう、ちゃんちゃらおかしいわけよ。

里村　はあ。

スターリン　あんなの独裁者でも何でもないよ。ほんの、日和見《ひよりみ》主義者じゃないか。なあ？　ちょっと批判されたら、すぐに腰が砕ける。

中国国家主席・習近平《しゅうきんぺい》氏をどのように評価しているのか

綾織　独裁者といわれている指導者ですと、中国の習近平《しゅうきんぺい》国家主席がいるのですが。

スターリン　ああ……。うん、まあ、あれは、なかなか面構《つらがま》えがええわなあ。

里村　面構え（苦笑）。

綾織　ああ、いいですか。

スターリン　うーん、ええ目をしとる。

綾織　親近感はあります？

スターリン　ええ面構えはしとる。ただ、あれは、もうちょっとなあ。うーん、まだ若いなあ。

若いっていうか、まだ、裏切り者なんかを収賄《しゅうわい》か何かで逮捕《たいほ》したりするような、法治《ほうち》国家のまねをしとるじゃろう。あれは駄目《だめ》だわ。あっさり毒殺すればいいわけよ。

綾織　（苦笑）

スターリン　ああいう、まだるっこしいことをしておったらねえ、天下は取れんよ。

綾織　逆に、習近平氏自身も、かなり狙《ねら》われているようですね。

スターリン　だからねえ、もう、邪魔《じゃま》者は、あっさり消してしまうんだよ。わしなんかは、「あの犬は吠《ほ》えてうるさいな」って言ったら、すぐ撃《う》ち殺してくれるしさあ。「ええ？　盲導犬《もうどうけん》だった？　じゃあ、目の見えんやつがおるんか。そいつも殺しとけ」ってなったら、すぐ殺してくれるんだ。

まあ、そのくらいは、周りが配慮《はいりょ》を利《き》かせて、すぐやってくれる。そのくらいでなきゃ駄目なんだよ。

綾織　中国の指導者を応援《おうえん》しているわけではないのですか。

スターリン　別に、応援はしてないよ。

綾織　ああ、していないのですね。

スターリン　応援したら、向こうの力が強くなって、ロシアのほうは、もっと弱くなるだろうが。

綾織　では、ロシアを応援している立場？

スターリン　やっぱり、ロシアが天下を支配せねばならんでなあ。

綾織　ああ、なるほど。

里村　そうするべきだと。

スターリン　それはそうだよ。アメリカは、もう、風前《ふうぜん》の灯火《ともしび》だろう。いちばんいいシナリオは「中国とアメリカを戦わせること」

里村　それでは、現代において、スターリン書記長が、「この人はいいな」と思っている指導者などはおられますでしょうか。

スターリン　いや、そんな人はおらんなあ。

里村　いないですか。

スターリン　うん。アメリカも弱い。
　だから、今のいちばんいいシナリオは、やっぱり、中国とアメリカを戦わせること。

里村　はい。

スターリン　そして、両者を弱らせる。弱らせた上で、中国を占領《せんりょう》する。まあ、これが、いちばんいいシナリオだな。

綾織　あっ、ロシアが中国を占領する？

スターリン　ロシアが占領する。うん、うん。それが、いちばんいい占領の仕方だな。

綾織　それを、プーチン大統領にやってほしいと……。

スターリン　まあ、プーチンでなくてもいいかもしらんけれども。プーチンは、もう、女運が悪いからなあ。

里村　（苦笑）

スターリン　もう、本当に、すぐ逃《に》がすから、あいつはあかんなあ。やっぱり、女ってのは、千人ぐらいは持っとらないといけないんだよ。取っ替《か》え引っ替え……。まあ、消耗品《しょうもう》だからね。今で言やあ、ティッシュペーパーだ。

里村　女性問題はともかくとして、では、ロシアが、中国をそのまま頂いていくということですね。

スターリン　うーん。

「ＥＵに対抗《たいこう》すべく、ロシアと日本は協力関係を持つべき」

里村　では、フランスとドイツはどうなるのですか。今、ＥＵというかたちで……。

スターリン　ああ、まだ、そんな国があるのか。

里村　今、まだあるのです。そして、ＥＵという経済圏《けん》、政治的連合をつくり、今、ロシアと、非常に対立する図式になっております。

スターリン　だから、ＥＵ全体で、わしらを牽制《けんせい》しとんだろ。

里村　はい。

スターリン　まあ、日本も牽制してるからなあ。EUをつくったときは、そうだ。日本を牽制するつもりで、ロシアに対しては、その当時は、それほどでもなかった。いちおう、こちらも冷戦が終わったあとだから……。「冷戦が終わった」っていうことになっとったから、それほど警戒《けいかい》してなかったけど、今は警戒してるわなあ。

里村　ええ。

スターリン　だから、EUは、「ロシア」と「日本」の両方を警戒して存在していて、どちらかといったら、今は、「中国」に近づこうとしてるように思うから、EUが中国と結ぶ以上、やっぱり、「ロシア」と「日本」は、何らかの関係を持つべきなんじゃないかなあ。協力関係を持たないと、それは、いかんだろう。うーん。

里村　はい。

スターリン　どっちも滅ぼされる可能性があるんだからさ。なあ？　もし、ＥＵが、中国を経済的に支えてだなあ、中国が軍事大国になって、どっちか（ロシアか日本）を攻《せ》めたら困るだろう。

8　スターリンが読む中国の覇権《はけん》戦略

スターリンには今の日本がどのように見えているのか

綾織　今、安倍《あべ》首相には、「ロシアと結びたい」という本音があり、「首脳会談もやりたい」ということで動いているわけですけれども、これ自体は応援《おうえん》される立場なのですか。

スターリン　ただ、日本の国情は、そう簡単ではないかもしらんなあ。はっきり言って、この国は、もう完全に「負け犬」になっとるからなあ。それから、新しいことは何一つできない国だわな。

だから、「ロシアと組んで、中国やＥＵと対抗《たいこう》しよう」なんていうようなところまで策を立てられるほどの人は、いないんじゃないかなあ。

里村　もし、そういう人が日本にいるとしたら、どうですか。

スターリン　うーん……、いるとしたら？

里村　そうです。

スターリン　うーん……。

里村　民主主義の枠《わく》内で、日本の法律を変え、あるいは、政治のあり方も変えて、日本の誇《ほこ》りや自信というものを取り戻《もど》して……。

スターリン　だいたい、法律なんかをいじろうと思っとるやつには、天下は取れんのだよ。

里村　ああ、そもそもですね。

スターリン　ああ。そういうやつは、もう駄目《だめ》なんで。

里村　はい。

スターリン　本当の策略は、見えないようにしなけりゃ駄目。そんなねえ、議会で議論して、国家がどちらの方向に向かおうとしてるかが世界中から丸見えなんていうことで、戦《いくさ》に勝てるわけがないでしょう。

里村　はい。

スターリン　中国が何をしようとしてるかは、もう、トップ一人の考えだろうから、こんなところを食い止めるのに、あなたねえ、あんなテレビで中継《ちゅうけい》しながら、国をどうするかなんて決めてるような国が、勝てるわけがないじゃないですか。

里村　なるほど。

中国の南シナ海の埋《う》め立ては日米に向けた「陽動作戦《ようどうさくせん》」？

里村　先ほど、スターリン書記長がおっしゃったように、今、南シナ海では、まさに中国が、「太平洋に自由に出入《でい》りしよう」ということで、あの一帯を、まるで自分たちの領海、領土のようにしようとしています。

そこで、少し意外だったのですが、今までのお話を聞いていますと、スターリン書記長からしたら、こうした動きは面白《おもしろ》くないわけですね。

スターリン　いや、これはねえ、引っ掛《か》かってはいけない。これは「陽動《ようどう》作戦」だから。

里村　「陽動作戦」ですか。

スターリン　うーん、「陽動作戦」で間違《まちが》いないわ。わざわざ珊瑚礁《さんごしょう》を埋《う》め立てて、目に見えるように空軍の基地をつくってだねえ、アジアの諸国を支配できるように見せかけて、誘《さそ》い込《こ》んどるんだよ。

綾織　はい。

スターリン　誘い込んでるわけなんで。アメリカが手を出すか、日本が手を出すか、誘い込んで、安倍がそれに引っ掛かって、乗っていこうとしてるんだけども、これで手を出してくるっていうか、応戦してくるように引っ張り出すための「陽動作戦」をやってるのよ。本当の狙《ねら》いは、そんな珊瑚礁なんかじゃないんで。

里村　ええ。何ですか。

スターリン　本当の狙いは、日本を取ることだから。

里村　ほお。

スターリン　うん。だから、わざと「日本軍国主義」を引きずり出して、米軍と共同して（南沙《なんさ》諸島を）空爆《くうばく》させようとしてんのよ。

あんなものは、どんなになっても、どうってことない。もともと、なくたって構わないんだから。

里村　うん。

スターリン　わざと滑走路《かっそうろ》をつくって、わざとそういう建物を建てて、わざと軍艦《ぐんかん》が寄れるようにして、まあ、航空機もちょっと置くかもしらんけど、それで、フィリピンかどっかを攻撃《こうげき》するふりをしてたら、（アメリカか日本が）攻撃してくるかどうかを、誘っとるのよ。

里村　はい。

スターリン　あんたらは、そういう「孫子《そんし》の兵法」さえ忘れとるから、知らんだろうけども、あれはねえ、そういうふうに誘ってるんだよ。それは分からんといかんよ。

里村　その誘いに乗ったら、次に、中国はどういう手を?

スターリン　ああ、それが、日本攻撃の言い訳に使えるから。

里村　その攻撃は、どのように行われるのでしょうか。

スターリン　うーん、だから、そこがミソだよな。

里村　ほお。

スターリン　そこが、習近平《しゅうきんぺい》の軍事的能力が測《はか》られるところだわなあ。

綾織　これは、アメリカも同時に相手にしないといけなくなるんですかね？

スターリン　いや、だから、今、アメリカには、そこまでの力がないところを、世界に見せつけるチャンスなんだよ、これな。

綾織　ああ。

スターリン　だけど、アメリカが、それほどまで踏《ふ》み切れないところを、もう待ち切れなくなった日本に、〝見切り発車〟させようとしてるわけよ。うーん。ここが狙いなんでなあ。

日本が〝誘《さそ》い〟に乗ったとき、「朝鮮《ちょうせん》戦争の延長戦」が始まる

里村　そうすると、その次に起きる中国の行動としては、見事に誘《さそ》い水を向けて、日本が乗ってきたところで、それを口実に……。

スターリン　ただ、直接は日本をやらないで、やっぱり、必ず「北朝鮮《きたちょうせん》」を使うな。

里村　北朝鮮を使って、日本を攻撃する？

スターリン　うん。北朝鮮は、軍事的には核《かく》兵器を持っておるが、経済的には疲弊《ひへい》してるから、経済的な見返りを豊富に与《あた》えれば、何でも言うことをききますから。

里村　ほおお。

スターリン　何でもしますからね。

だから、もし米軍が、南沙諸島に攻撃をかけるっていうなら、北朝鮮はミサイルをいっぱい持ってるんでねえ。それを、韓国《かんこく》か、日本に向けて発射しまくればいいわけですから。まずは北朝鮮に発射させるね、「見返り」というのを条件にね。

そうしたら、さあ、どうするかだよなあ。それからが面白いところだよな。

里村　韓国の米軍も動くし、日本にある米軍基地も動きます。まさに、普天間《ふてんま》から北朝鮮へ攻撃が行きます。そこで、どうなる?

スターリン　さあ、どうなるかねえ? 泥沼《どろぬま》が、もう一回……、「朝鮮戦争の延長戦」が始まるだろうなあ。

里村　ほお。

綾織　それを、誰《だれ》かにアドバイスされているのですか。

スターリン　ええ？

里村　アドバイスしているのですか。

スターリン　あ、まあ、アドバイスはしなくても、軍事的には、やることを、相手は分かっとるわなあ。もう、ほかに考えられんね。

スターリンが考える「中国の台湾《たいわん》・沖縄占領《おきなわせんりょう》」のシナリオ

里村　そのように泥沼化して、日本とアメリカが、朝鮮半島の戦争に引きずり込まれるかたちになっているということですね。

スターリン　朝鮮半島と南沙諸島で、戦いが起きる。その隙《すき》に、台湾《たいわん》と沖縄《おきなわ》を取りに来る。

里村　ほお。それは、中国の人民解放軍本体が、ですね？

スターリン　そうそうそうそう。そっちに入ってくる。もう、三カ所で起き始めるわなあ。

里村　三カ所ですね。それで……。

スターリン　もちろん、中国軍は、南沙諸島に駐留《ちゅうりゅう》すると思うけども、これは〝生《いけ》贄《にえ》〟なんで。

里村　なるほど。

スターリン　最初から、皆殺《みなごろ》しにするつもりで考えていて、こんなものは、なくなったって、痛くも痒《かゆ》くもないので。老兵ばっかりを、いっぱい置くだろう。

綾織　うーん。

スターリン　だいたい、殺したい年寄りの兵隊を集めて、やらせるから。これはおとりだからね。向こうは、（アメリカや日本が）攻撃してくれれば勝ちだから。これで、引きずり込めるし、もう、名目ができるから、アメリカや日本に対して、いかなる攻撃をしても正当性がある。

里村　はい。

スターリン　だけど、さらに北朝鮮は使うはずなので、北朝鮮からの攻撃があるだろうと思うんだよな。それで、あとは、その間に、台湾、沖縄、九州で、上陸戦が行われるだろうな。

里村　ほおお……。

「今のアメリカには核《かく》戦争をする胆力《たんりょく》がない」

里村　そのいずれかの過程、プロセスで、当然、中国に対しては、アメリカからの核《かく》による威嚇《いかく》もあると思うのですけれども。

スターリン　うーん、だから、中国は、「ロシアカード」を持ってるから。「ロシアと組むか、組まないか」っていうカードが、もう一つあるわけで。

里村　はあ。

スターリン　「ロシアと中国が組んで、核戦争をやるとなったら、アメリカはできるかどうか」と言われると、これは厳しい。核兵器は、数の上では、まだ、ロシアのほうがアメリカより多いからね。オバマ君がねえ、どんどんアメリカの核兵器を減らしとるからね。

里村　では、今のシナリオで行きますと、アメリカは、最後の最後の一歩で、もうひとつ踏み切れないと？

スターリン　だから、動けなくなる。

里村　動けなくなる？

スターリン　たぶんね。核戦争を覚悟《かくご》しなきゃいけんから……。まあ、オバマ君の任期は終わるかもしらんけども、ヒラリー（・クリントン）が出てきたところで、核戦争は、ようせんよ。あと、ブッシュのなんとか、弟だか息子《むすこ》だか何だか知らんが、あれが出てきたところで、もはや、核戦争はできないだろうね。おそらく、それだけの胆力《たんりょく》がないね。

限定的な自衛戦しかできない日本はどうなるのか

里村　いや、そこまで来たときに、ある意味で、限定的な自衛戦しかできない今の日本は、どうなるのでしょうか。ある意味で、中国に、そのまま〝生贄《いけにえ》〟として差し出されるわけですか。

スターリン　だから、中国に食われるか、その中国をロシアが食うか、分からない状況《じょうきょう》だけど、まあ……、食い合いだな。

「中国が世界を押《お》さえるか、ロシアが復権するか」の戦いにはなるが、たぶん、プーチンの次を目指してるやつもおるから、中国は、これと取引をしようとはするだろうなあ……。

里村　スターリン書記長から、こういうシナリオをお伺《うかが》いするとは思わなかったのですけれども、そうすると、日本の生きる道としては、逆に、「誘いの手には乗らずに、しっかりと防衛力整備を進めていく」というのが、いちばんよいということですね。

スターリン　うーん……。やっぱり、あのプーチンが、日本と組みたがってるところを、アメリカが一生懸命《いっしょうけんめい》にあれして、牽制《けんせい》はしてるけど……。ここは、アメリカが「嫉妬《しっと》」するところだからなあ。難しいかもしれないが、先の大戦に鑑《かんが》みて、中国との戦争が予想されるんだったら、やっぱり、ロシアとは条約を結んどいたほうが、いいことはいいわなあ。いずれ、捨てるにしてもね。

「沖縄《おきなわ》の米軍基地撤退《てったい》デモには米中のスパイが入っている」

里村　いやあ、本当に複雑です。天上界《てんじょうかい》にいる霊《れい》のなかにも、同じような意見をされる方もおられれば、（スターリンを指しながら）「悪魔《あくま》」といわれる方からも、結局は、同じ意見が出てくるという、すごく複雑で難しい……。

スターリン　戦争に勝てるかどうかの考え方だからな。

ただ、アメリカは、場合によっては、中国との経済的な取引の利益を考えて、やはり、国際的に言論で威嚇する以外はしない可能性はあるよ。

里村　なるほど。

スターリン　特に、沖縄《おきなわ》なんかは、中国からのスパイがたくさん入って、米軍基地の撤去《てっきょ》運動（デモ）をやっとるからね。あれはスパイが入ってるよ、本当に。あれだけやられて、米軍が、日本のために、死を覚悟して戦ってくれると思ってるなら、日本人は甘《あま》いね。

あれはね、中国側からのスパイも入っておるが、同時に、アメリカからのスパイも入ってるんだ。

里村　はあ。

スターリン　アメリカにも、実は、「何か口実をつけて撤退したい」と思ってるところがあるんだよ。

軍事予算は、ものすごくかかってるし、ここにはいいことは何もないので、日本ぐらい見殺しにしたほうが安上がりなんだよ。ええ？　毎年、軍事予算で何十億ドルも使うぐらいだったら、（日本を）捨てたほうが安上がりだから。

9　スターリンにあの世での様子を訊《き》く

「長寿《ちょうじゅ》を得て、今は相談役をしている」と語るスターリン

里村　いや、「悪の論理」として、非常に分かりやすいんですよね。

綾織　的確なアドバイスを頂いていて、スターリン書記長の位置づけというのが、少し……。

スターリン　ああ、分からんようになった？

綾織　迷いが出てくるのですけれども（苦笑）、この何十年間かは、何を、どうし

て過ごされていたのでしょうか。

スターリン　いやあ、まあ、幸いにして長寿《ちょうじゅ》を得てなあ。

里村　ほお。

スターリン　まだ、要所要所で……。まあ、今、〝相談役〟なんでな。

綾織　ああ、なるほど。

スターリン　現役《げんえき》は引退してるけど、何か……。

綾織　いろいろな方がいらっしゃるのですね。

スターリン　うん。いろいろと、不老不死の治療《ちりょう》が効いてだね。やっぱり、大勢の悪人を処刑《しょけい》した〝徳〟により、長生きができておるんだな。

綾織　なるほど。

「裁きの神こそ、本当の神」と言うスターリン

里村　悪人だけではなくて、農民も、何千万単位でたくさん亡《な》くなった……。

スターリン　いや、わしに嫉妬《しっと》したやつは悪人。わしを「悪人」と言ったやつは悪人。わしの命令に従わなかったやつは悪人（机を一回叩《たた》く）。

綾織　はあ。

スターリン　まあ、要するに、神は「裁き」なんだよ。「裁きの神」こそ、本当の神なんだよ。
もう、神は、「初めにして、終わり」だからね。だから、途中《とちゅう》で亡くなるなんてことはないわけよ。

綾織　その「裁きの神」に対して、いろいろと相談にいらっしゃるわけですね？

スターリン　そうなんだ。アドバイスしてるわけよ、世界中を股《また》にかけてな。
中国の鄧小平《とうしょうへい》は「神」になりたがっている

綾織　例えば、最近ではどういう方がいらっしゃいましたか。

スターリン　「最近では、どういう方がいらっしゃいましたか」って、どういうことだろう？

綾織　どなたかが、いろいろなアドバイスをもらいにいらっしゃるわけですよね？

里村　スターリン書記長は、顧問《こもん》として、相談役として、アドバイスされていらっしゃると思うのですが。

スターリン　うん、まあ……。

そうだなあ。わしぐらいになると、格が一段も二段も三段も四段も五段も上だから、そんなに簡単にアドバイスを受けるように、気楽には来れんのだけども。

うーん……、やっぱり、あそこがちょっと争っとるんだよなあ、鄧小平《とうしょうへい》のところが。

里村　鄧小平!?

スターリン　中国国内で、実は争いがあるんだよなあ。

里村　ほお、ほお。

スターリン　だから、鄧小平が「神」になりたがってるからさあ。鄧小平を神にしてしまったときには、今の中華《ちゅうか》人民共和国の「鉄の結束」が破れる可能性があるんだよ、実を言うとなあ。

里村　そうすると、毛沢東《もうたくとう》派と鄧小平派の争いがあるわけですね。

スターリン　うん、うん。だから、マルクス・レーニン主義と称《しょう》する「毛沢東イズム」が、まだ生き延びてはおるんだよな。これが政治では残ってて、経済的には鄧小平のほうが神になろうとあがいておるのでなあ。だから、ちょっと内紛《ないふん》の芽はあるんだよ、実はあそこに。

里村　なるほど。

綾織　それについては、どなたが相談にいらっしゃるのですか。

スターリン　だから、世界皇帝《こうてい》としてのわしは、「どういうふうに世界の未来を拓《ひら》くか」ということだなあ。

君たちは、もうすぐ「御生誕祭《ごせいたんさい》」なるものを控《ひか》えとるとのことであるから、指導霊《どうれい》には、ぜひわしを呼んでいただきたいなと思って（注。「御生誕祭」は、毎年、大川隆法の誕生月である七月に行われる式典。今年二〇一五年七月七日には、さいたまスーパーアリーナにて、講演「人類史の大転換《てんかん》」を予定している）。

里村　いや……。

スターリン　ええ？　世界計画を発表するから、わしの。

里村　たいへんお忙《いそが》しいようですので（会場笑）、結構でございます。

スターリン　うん？　なんでよ？

里村　お忙しいようでございますから。

スターリン　世界に発信……。

里村　〝世界皇帝〟ですから、もう大変な、今、いろいろなところから相談があるでしょうから。

スターリン　「神は生き通しだ」っていうことを、みんなの前で宣言してやるから。

里村　中東とか、いろいろなところでお忙しいと思いますので。

スターリン　神は死なん。神は死なんのだよ。

再度ヨーロッパ支配を狙《ねら》っているヒットラー

綾織　先ほど、ヒットラーに親近感を感じられていましたけれども。

スターリン　ヒットラーねえ。まあ、敵ではあるが、哀《あわ》れではあったわなあ。英雄《えいゆう》のなり損《そこ》ね。

綾織　お会いになったりされますか。

スターリン　ナポレオンのなり損ねだな。まあ、哀れではあるな。

里村　今もヒットラーとは、出会いはあるのですか。

スターリン　うーん……。まあ、仲はよくはないな、やっぱりな。

里村　そうですか（笑）。

スターリン　仲はよくはないけど、ただ、ＥＵの中心がドイツになってこようとしてるから、ヒットラーが何かのかたちで復権しようと、今、狙《ねら》ってはおるなあ。だから、ドイツに適当なよい指導者がおったら、そいつを子飼いにして、ヨーロッパをもう一回支配してやろうと狙ってることは確かだな。

里村　なるほど。

レーニンを暗殺した真犯人とは？

綾織　「マルクス・レーニン主義」のマルクスとは、話をされたりしたことはありますか。

スターリン　ああ、マルクスっていう人は、〝あぶく〟みたいな人でねえ、なんか消えてしもうたんだよ、どっかに。

里村　うーん、なるほど。見えなくなったわけですね？

スターリン　なんか、シャボン玉みたいにプーッと吹《ふ》いてね、消えたんだよ。

里村　では、スターリン書記長から見たら、もともと信奉《しんぽう》していたレーニンはどうなのですか。

スターリン　まあ、レーニンはねえ、「信奉していた」って……。

里村　そのように見えたのですけれども。

スターリン　わしが毒殺したから、「信奉した」って言われても、まあ……。

綾織　あっ！　毒殺したのですね。

スターリン　まあ、邪魔《じゃま》だもんな。権力を取るのに邪魔だからな。

里村　そうですね。レーニンは、あなた様を書記長のポストから外《はず》そうとしていましたからね。

スターリン　ああ、まあ、使えるうちは使っとったけどな。あれは、確かに人民受けするところがあったのでなあ。

里村　はああ、そうなんですか。

スターリン　だから、わしを悪役プロレスラーみたいに使おうとして、長く使っとったでなあ。そろそろ始末《しまつ》せないかん時期が来たなあと思って、始末はしたからなあ。
　まあ、あいつは始末した。だから、わしは永遠の命を持っとるけど、あいつは始末した。

里村　なるほど。率直《そっちょく》な告白で……。

キリスト教に対するスターリンの見解

大川真輝　最後に、一言《ひとこと》だけ確認をさせていただきたいのですけれども。

スターリン　いいよ。

大川真輝　霊的真実といたしましては、いちおう「悪魔」ということでよろしいのですか?

スターリン　いや、「神だ」と言ってるじゃないか、さっきからずっと。

大川真輝　ああ、なるほど。

スターリン　だから、不老不死、永遠、無始無終《むしむしゅう》の神。最初から最後まであるもの。『聖書《せいしょ》』に書いてある、「アルファでありオメガである」ところのスターリンなんだよ。

人類の歴史上、最大に偉大《いだい》だった存在だよ。君たちはそれを「悪魔」と呼ぶのか? まあ、それでもいいよ。あくまで悪魔と呼ぶんなら、それでもいい。

里村　普段《ふだん》、明るい場所にいるのか、暗い場所にいるのかを聞きたいのですけれども。まあ、時間も詰《つ》まってますので……。

綾織　今の世界で感じるものはないですか。

スターリン　「感じる」って何？

綾織　何千万人という人を粛清《しゅくせい》して、その人たちの気持ちを感じますか。

スターリン　いやあ、人間ねえ……。まあ、わしも神学校にいて、ちょっとキリスト教的なあれは受けたけどね。受けたけども、キリスト教っていうのは「邪教」だな、はっきり言ってね。「邪教」だわ。

だから、（キリスト教では）「イエスは処刑されたけど、三日後に復活して、生き返ったから、救世主で、神の独《ひと》り子だ」みたいなことを言うとるけど、バカバカしくて、ちゃんちゃらおかしいなあ。「死んで、三日後に復活する」なんて、そういうことじゃなくて、わしみたいに、「人をなんぼ銃殺《じゅうさつ》しても、死なないままで生きとる」っていうのが、本当の神の条件だなあ。

里村　今のお言葉で、だいたい分かりました。要するに、「イエス・キリストが嘘《うそ》つき」というか、「キリスト教は邪教であり、そのように見える立場」ということですね。

スターリン　もう、邪教なんじゃないの？　だから、日本の東條《とうじょう》（英機《ひでき》）なんちゅうのは、わしから見たら、使いっ走りの小僧《こぞう》みたいなもんだからなあ。

里村　そこで東條英機のお名前を出されるのが、適切かどうか分からないのですけれども。

毛沢東《もうたくとう》は〝中国の奥地《おくち》〟に監禁《かんきん》されている？

スターリン　君らは、何のために（わしを）呼んだわけ？　わしが神であることの存在証明を出すためにやっとるのか？　ああ？

里村　亡くなられて六十二年間、こういうかたちでお話を……。まあ、〝亡くなって〟いらっしゃらないようですが、六十二年間、こういう話を聞いている方はいないので……。

スターリン　君は、毛沢東《もうたくとう》に似とるなあ。

里村　いえいえ（苦笑）（会場笑）。

スターリン　ええ？　まだ生きとったかあ。

里村　いやいや、いえいえいえ（苦笑）。

スターリン　日本に亡命したか！

里村　（苦笑）一部の霊人《れいじん》からよく言われますけれども、まったく関係はございません。

スターリン　ちょっと似とるような気がする。

綾織　毛沢東と会うことはありますか？

スターリン　中国にはシベリアはないけど、毛沢東はどっかに送られとんじゃないかなあ、あれはたぶん。

綾織　送られている？

スターリン　どっかに送られとるわ、あれはなあ。たぶん、毛沢東は、どっか中国の奥地《おくち》の、何か洞窟《どうくつ》のなかにでも、今、監禁《かんきん》されとるんじゃないかなあ。

里村　そこで、今、鄧小平派と少し争いがあるということですよね。

スターリン　なんか、そんな感じがするなあ。

過去世《かこぜ》を〝ギリシャ神話〟の主宰神《しゅさいしん》とうそぶくスターリン

スターリン　新しい地球の神は誰《だれ》であるか、分かったか?

里村　冒頭《ぼうとう》では、「皇帝が皇帝として生まれたのだ」とおっしゃいました。

スターリン　ああ、そうかあ。

里村　かつて、ロシアに皇帝として……。

スターリン　まあ、生まれたことはあるなあ。

里村　ロシアに皇帝として生まれられたのですか?

スターリン　何、何、何、何?

里村　過去、ロシアに皇帝としてお生まれになったことがあったのですか。

スターリン　うーん……、いやあ……、ロシアねえ。まあ、もし生まれ……。いや、わし、分からないんだ。その思想は、もうひとつ分からないけど。東洋の思想だから、よく分からないんだが。神学校で習ったことでは、そこまで宗教思想がないから、よく分からないんだけど……。まあ、転生輪廻《てんしょうりんね》みたいな思想だろう?

里村　はい。

スターリン　そこまではっきりは分からないんだけど、アジアのほうにも一部、ロシアへの影響《えいきょう》があるから、思想的には理解していないわけではないが。

里村　はい。

スターリン　もし、わしに過去世《かこぜ》があるとすりゃあ、それは「ゼウス」しかないだろう。

里村　いやあ……。

スターリン　やり方は、もうそっくりだしなあ。

里村　いやいや。

スターリン　ええ？　そっくりじゃないか。

スターリンが存在するところには世界情勢の映るテレビがある？

綾織　最後に一点だけよろしいでしょうか。

スターリン　うん？

綾織　この六十数年間、どなたにもお会いになっていないということもありますか？

スターリン　まあ、神ではあるので、いちおう僕《しもべ》はいるわけよ。

綾織　はい。

スターリン　僕で周りを固めてはおるので、それを通さずしては、わしに会うことはできん。

綾織　今まで、この六十数年間、会いにいらっしゃる方というのはなかったわけですね。

スターリン　ううん？　六十数年という言い方が、ちょっと分かりにくいんだが……。

里村　政権がフルシチョフに移されてから……。

スターリン　いや、わしらの世界にも〝テレビ〟はあるのよ、今。

綾織　ああ、はい。なるほど。

スターリン　うん。テレビというのがあってな、いちおう映るんだよ、世界の様子はな。

綾織　いろんなものが見えるわけですね。

スターリン　それを見れば、神はすべてを知ることができるんだよ、人に会わなくてもね。

綾織　分かりました。

スターリン　向こうから直訴《じきそ》するっていうのは、よっぽどの場合だから、それは毒入りワインを準備して、待たないといかんでなあ。

綾織　なるほど。

スターリン　「その覚悟《かくご》があれば、来い」ということだから。一般《いっぱん》には、わしの秘書を通さずしては会えないなあ。

里村　分かりました。

綾織　はい。どういう世界にいらっしゃるかというのは、だいたい分かりました。

安倍《あべ》首相にアドバイスする〝帝王学《ていおうがく》〟

里村　今日は、長時間にわたって、大戦の話や現代の話など、いろいろとお聞かせいただきました。本当に、これから参考にさせていただきたいと思います。

スターリン　ああ、安倍《あべ》っていうやつはなあ、もっとわしに学ばないかんわな。だからねえ、気に入らない野党、それからマスコミ、こういうのは、もう一日で一網《いちもう》打尽《だじん》にしたらいいわけよ。

里村　（苦笑）

スターリン　まあ、一晩で抑《おさ》えられるから。ねえ？　このへんを全部捕《つか》まえるのよ。捕まえて、噴火《ふんか》してる離《はな》れ小島の火口に投げ込《こ》むのよ、ヘリコプターで。

航空自衛隊のヘリコプターで、上から火口に投げ込めば、日本の国是《こくぜ》はパシーッと通るんだよ。これが、〝帝王学《ていおうがく》〟だ。

里村　なるほど（苦笑）。

スターリン　しっかり伝えたまえ。

里村　はい。それがアドバイスということですね。

スターリン　うん、うん、うん。

里村　本当の意味で、日本の国是に、それがそのままいいかどうかはともかくとして、安倍首相へのアドバイスであるということですね。

質問者のなかに〝温和《おんわ》な毛沢東《もうたくとう》〟がいる？

スターリン　君、毛沢東《もうたくとう》だろう？

里村　いやいや、違《ちが》います（会場笑）。

スターリン　わしと話をするっていったら、そういうことだろう？

里村　いやいやいやいやいやいや。まったく違います。

スターリン　ずいぶん温和《おんわ》になったな、君は。うん？　『毛沢東語録』持っとるんだろうが。

里村　いやいや、持ってません（苦笑）。関係ありません。今日は、もう本当にお忙しいなか、「世界皇帝」とおっしゃっているスターリン書記長に来ていただいて、長時間お話をお伺《うかが》いしました。

スターリン　まあ、君たちは生きて神と会えたことに対して、心より喜びを感じなくてはならないんだな。

綾織　ありがとうございます。

里村　たいへん参考になりました。今日は、どうもありがとうございました。

10　スターリンは、やはり悪魔《あくま》だった

スターリンは地上の独裁者に対する霊《れい》指導を行っている？

大川隆法　（手を二回叩《たた》く）まあ、結構な〝ご機嫌《きげん》さま〟でやっているようではございますが、（あの世で）時間はないでしょうから、止まっているようなものでしょう。

「死後六十数年」といっても、そんな時間は、あってなきがごとしでしょう。感じとしては、まだ五年、十年ぐらいの感じでしょうか。死んでからは、その程度の感じだと思います。

ただ、あの世も進化しているのかは知りませんが、いろいろな情報が取れるようなものになっているようではあります。うーん。不思議ですね。

里村　はい。

大川隆法　「閻魔《えんま》の鏡」か何かは分かりませんが、何かによって見えるようにはなっているのでしょう。それで、「地獄《じごく》はない。悪魔《あくま》はいない。この世にあるんだ」と言っています。ただ……。

里村　まったくの完全な隔離《かくり》とは、ちょっと違《ちが》う感じが……。

大川隆法　うーん、隔離ではないけれども、本人は宮殿《きゅうでん》のようなところにいるつもりでいます。

ただ、実際には、ほとんど誰《だれ》とも会っていないような感じですね。手下はいるようですが、みんな、霊視《れいし》して視《み》える姿と本当の姿とは、違うのでしょう。

本当は、小悪魔のようなものがピョンピョン跳《は》ねていても、それはおそらく、ちゃんとした侍従《じじゅう》や秘書に視えるのでしょうね。

里村　はい。

大川隆法　まあ、自分を神だと思っているようですね。ある意味ではニーチェなどに近いのかもしれませんが、いまだにこの世にも関心を持っているところがあるから、関心を持つときに、自分が霊《れい》指導していると思わずに指導をしている可能性はあります。独裁者的なところには、けっこう、何らかのインスピレーションを送っているかもしれません。

里村　はい。

スターリンがお勧《すす》めする国際外交への意見をどう受け止めるか

大川隆法　南沙《なんさ》諸島の案件については、本当に正しい意見なのか、さらに混乱をつくろうとして言っているのか、このへんはやや読み切れない部分があります。さあ、これは解読可能でしょうか。分かりません。

里村　ほかならぬスターリンから、今、ロシアと日本がつながる重要性について、多少出たりしましたが……（笑）。

大川隆法　〝悪魔のお勧《すす》め〟は正しいのかどうか。これはちょっと分からないですね。

里村　はい。ただ、本当に純粋《じゅんすい》に、国益だけを考えると、つまり、善悪ではない問題で考えると……。

大川隆法　まあ、「軍事的に見れば」ということで言えば……。

綾織　パワーバランスの観点で。

大川隆法　そうしなければ、あちらに組まれるのはまずいというのは、確かにそうですね。ロシアと中国が軍事同盟でも結んだら、アメリカは核《かく》戦争をしたくないでしょう。

ミサイルの撃《う》ち合いをしたら、あちらの土地が広すぎるので、アメリカのほうが負ける可能性もないとは言えません。あちらのほうが生き残ることはありえますね。

里村　ええ。

大川隆法　それと、「プーチンなど独裁者のうちに入っていない」ということですね。「弱すぎる」と言っているわけです。「ウクライナとかクリミアだとかは、当然、ロシアのものであって、そんなものは、もう、議論の余地がない」ということでした。

里村　はい。

大川隆法　まあ、彼の意識ではそうでしょう。実際、南部がなかったら、ソ連はドイツに勝てていないはずです。あそこがあったから勝てているのです。それはそうでしょう。ロシアにおいては、「南へ下りる力」ということには、ものすごい欲求があるわけです。あちらを封《ふう》じられたら、本当に「氷の世界」というか、「雪の世界」に閉ざされていきますからね。

今後の世界情勢と、スターリンなりの〝一貫《いっかん》した論理〟

大川隆法　さあ、どんな〝落とし前〟になるのでしょうか。これから世界が多極化して、幾《いく》つかの大国による覇権《はけん》戦争の時代に入るかもしれませんね。

里村　はい。

大川隆法　これに、さらにインドが加わるでしょう。ＥＵが一塊《ひとかたまり》で、インド、中国、日本、アメリカ、ロシア、さらには、その他の第三世界ですか。まあ、難しいところですね。

いずれにしても、どう判断しても、難しい問題は待っているということですね。

里村　はい。

大川隆法　「ロシアと同盟せよ」と言う人が、同じく、「野党とマスコミは、まとめて、火山の噴火口《ふんかこう》から投げ込《こ》め」と言うような人でもあるので、結論が早いと言えば早いのかもしれませんが、分かりません。民主主義は、基本的には、その反対ではあるようですね。

まあ、ちょっと頭がクラッとする面もないわけではありませんが、うーん……。まったくの狂人《きょうじん》というわけではなく、それなりの一貫《いっかん》した論理は持っていて（笑）、「こういう人なら、そうなる」といった論理はあるようです。

里村　はい。

大川隆法　「幸福実現党は銀行強盗《ごうとう》なんかできないから、いつまでたっても第一党になれない」ということのようでした。

要するに、「目的が正しければ、やるべきことはすべてやる」ということで、まったく逡巡《しゅんじゅん》、迷いがないようです。「邪魔《じゃま》者は消す。取るものは取る。目的は達成する。達成した人が神様である」と、まあ、そういうことのようですね。御生誕祭《ごせいたんさい》の霊支援《しえん》は、いちおうお断りしておきましょうか（笑）。

里村　はい、はい。もう、もちろんでございます。

大川隆法　そのほうがいいでしょうね。〝ご立派な話〟になるかもしれないけれども、ちょっと〝怖《こわ》い〟かもしれないので、まあ、やめておきましょうか。そのほうがいいと思います。

里村　ぜひ、それでお願いいたします（笑）。

いまだ〝権力の美酒《びしゅ》〟のなかにいるつもりのスターリン

大川隆法　真輝理事は何か参考になりましたか。

大川真輝　意外に、ポロッと言ってくださった一言《ひとこと》が、活字にすると、それなりの……。

大川隆法　威力《いりょく》がある？

大川真輝　ものになると思いますので。

大川隆法　迫力《はくりょく》がありますか。

大川真輝　はい。大丈夫《だいじょうぶ》です。

大川隆法　これで、霊言《れいげん》としては、東條英機《とうじょうひでき》と、ヒットラー、スターリン、毛沢《もうたく》東《とう》も出ましたか。鄧小平《とうしょうへい》も出ています（『公開霊言　東條英機、「大東亜《だいとうあ》戦争の真実」を語る』〔幸福実現党刊〕、『国家社会主義とは何か――公開霊言　ヒトラー・菅直《かんなお》人《と》守護霊・胡錦濤《こきんとう》守護霊・仙谷由人《せんごくよしと》守護霊――』『マルクス・毛沢東のスピリチュアル・メッセージ』『アダム・スミス霊言による「新・国富論」――同時収録　鄧小平の霊言　改革開放の真実――』〔いずれも幸福の科学出版刊〕参照）。

これで、一部欠けていたところがつながって、霊査《れいさ》自体は特に間違ってはいなかったように思います。

スターリンは、まだ、〝権力の美酒《びしゅ》〟のなかで、赤ワインのお風呂《ふろ》にでも入っているような感じで、権力をふるっているつもりなのではないでしょうか。そんな感じに見えましたね。

里村　はい、はい。

大川隆法　ただ、自分が、ある意味での牢獄《ろうごく》にいることは認識していないように見えました。意外に、死んでから、それほど時間がたっているとは思っていないようで、まだ相談役をやっているぐらいのつもりでいるということですね。

それでは、ありがとうございました（手を二回叩く）。

里村・綾織　ありがとうございました。

あとがき

「プラウダ」（真実）と称《しょう》して「嘘」を説く。「神」と称して「悪魔」の行動をとる。これが共産主義体制の恐怖の真実である。何度も何度も左翼の波に押し返されつつ、戦後の日本の体制は漂流《ひょうりゅう》している。

本書は、神を信じ、自由を求める全世界の人々に、「悪魔の定義」を教えてくれるだろう。

現代中国にあっても、習近平《しゅうきんぺい》主席は、もはやマルクス・レーニン主義を掲げることもできず、北京《ペキン》の書店の地下書庫に眠っている「毛沢東全集《もうたくとうぜんしゅう》」を読ませるわけにもいかず、「韓非思想《かんぴしそう》」に毒されつつ、孔子《こうし》を再びもち上げつつある。精神的高みなくして、大国の存続は難しいのだ。

他方、本書は、平和ボケの日本人に、「戦争のリアリズム」も教えてくれる。愚かではあっても、反面教師《はんめんきょうし》に学べる人は数多いものだ。

二〇一五年　六月二十五日

幸福《こうふく》の科学《かがく》グループ創始者兼総裁《そうししゃけんそうさい》　大川隆法《おおかわりゅうほう》

『赤い皇帝 スターリンの霊言』大川隆法著作関連書籍

『黄金の法』（幸福の科学出版刊）
『奇跡の法』（同右）
『トルストイ――人生に贈る言葉』（同右）
『国家社会主義とは何か――公開霊言　ヒトラー・
菅直人守護霊・胡錦濤守護霊・仙谷由人守護霊――』（同右）
『マルクス・毛沢東のスピリチュアル・メッセージ』（同右）
『アダム・スミス霊言による「新・国富論」
――同時収録　鄧小平の霊言　改革開放の真実――』（同右）
『原爆投下は人類への罪か？
――公開霊言 トルーマン＆F・ルーズベルトの新証言――』（幸福実現党刊）
『公開霊言 東條英機、「大東亜戦争の真実」を語る』（同右）

赤《あか》い皇帝《こうてい》 スターリンの霊言《れいげん》

2015年6月26日　初版第1刷

著　者　　大《おお》川《かわ》隆《りゅう》法《ほう》

発行所　　幸福の科学出版株式会社

〒107-0052 東京都港区赤坂2丁目10番14号
TEL(03)5573-7700
http://www.irhpress.co.jp/

印刷・製本　株式会社 東京研文社

落丁・乱丁本はおとりかえいたします

ISBN978-4-86395-694-0 C0030
写真：The Asahi Shimbun／RIA Novosti／КоммунистизБеи
Sputnik/Viktor Tyomin／Hulton Archive／GettyImages

大川隆法霊言シリーズ・世界の政治指導者の本心

プーチン大統領の新・守護霊メッセージ

独裁者か? 新時代のリーダーか? ウクライナ問題の真相、アメリカの矛盾と限界、日ロ関係の未来など、プーチン大統領の驚くべき本心が語られる。

1,400円

オバマ大統領の新・守護霊メッセージ

英語霊言
日本語訳付き

日中韓問題、TPP交渉、ウクライナ問題、安倍首相への要望……。来日直前のオバマ大統領の本音に迫った、緊急守護霊インタビュー!

1,400円

中国と習近平に未来はあるか

反日デモの謎を解く

「反日デモ」も、「反原発・沖縄基地問題」も中国が仕組んだ日本占領への布石だった。緊迫する日中関係の未来を習近平氏守護霊に問う。
【幸福実現党刊】

1,400円

大川隆法ベストセラーズ・日本と世界の未来を開く

自由を守る国へ

国師が語る「経済・外交・教育」の指針

アベノミクス、国防問題、教育改革……。国師・大川隆法が、安倍政権の課題と改善策を鋭く指摘！　日本の政治の未来を拓く「鍵」がここに。

1,500円

国際政治を見る眼

世界秩序《ワールド・オーダー》の新基準とは何か

日韓関係、香港民主化デモ、深刻化する「イスラム国」問題など、国際政治の論点に対して、地球的正義の観点から「未来への指針」を示す。

1,500円

自由の革命

日本の国家戦略と世界情勢のゆくえ

「集団的自衛権」は是か非か！？　混迷する国際社会と予断を許さないアジア情勢。今、日本がとるべき国家戦略を緊急提言！

1,500円

最新刊

小保方晴子博士
守護霊インタビュー
STAP 細胞の真偽を再検証する

結局、ＳＴＡＰ細胞は存在するのか？ その真偽を「宗教家的アプローチ」により再検証！彼女の「現在の胸中」と「真実」を守護霊が語る。

1,400円

左翼憲法学者の
「平和」の論理診断

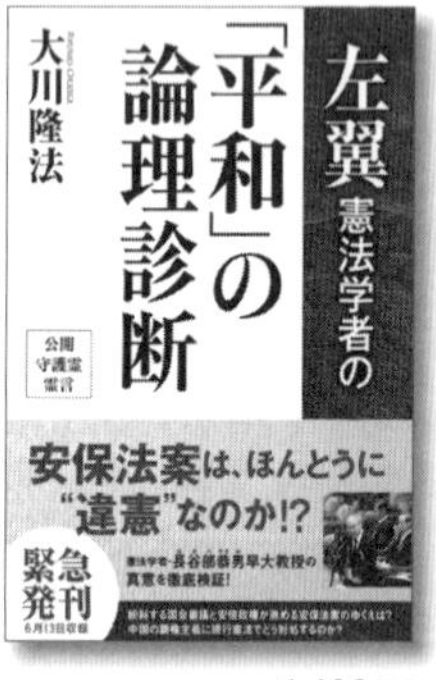

なぜ、安保法案を〝違憲〟と判断したのか？ 中国の覇権主義に現行憲法でどう対処するのか？ 憲法学者・長谷部恭男早大教授の真意を徹底検証！

1,400円

女性のための
「自分」のつくり方
賢く成長する秘訣

大川紫央　雲母《きらら》　共著

勉強、恋愛・結婚、就職・仕事、人間関係などをテーマに、幸福の科学総裁夫人と若手女優・雲母が対談。女性が賢く成長するためのヒントが満載！

1,300円

※表示価格は本体価格（税別）です。

大川隆法シリーズ・新刊

神秘現象リーディング

科学的検証の限界を超えて

「超能力」「学校の妖怪」「金縛り」「異星人とのコンタクト」……。最高の神秘能力者でもある著者が、超常現象や精神世界の謎を徹底解明!

1,400円

女性が営業力・販売力をアップするには

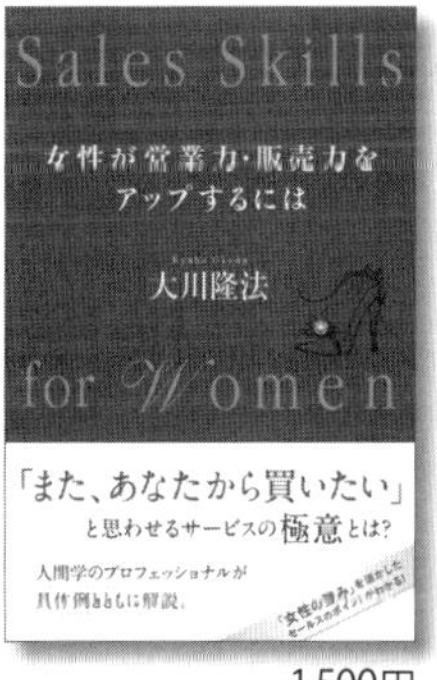

一流の営業・販売員に接してきた著者ならではの視点から、「女性の強み」を活かしたセールスポイントを解説。お客様の心を開く具体例が満載。

1,500円

大震災予兆リーディング

天変地異に隠された神々の真意と日本の未来

口永良部島噴火と小笠原沖地震は単なる自然現象ではなかった――。その神意と天変地異のシナリオとは。日本人に再び示された「警告の一書」。

1,400円

この地球《ほし》は、
宇宙に必要か？
大川隆法 製作総指揮
長編アニメーション映画
UFO学園の秘密
The Laws of The Universe Part 0
製作総指揮・原案／大川隆法
監督／今掛勇 脚本／「UFO 学園の秘密」
シナリオプロジェクト 音楽／水澤有一
総合プロデューサー／本地川瑞祥 松本弘司
美術監督／渋谷幸弘
VFX クリエイティブディレクター／粟屋友美子
キャスト／逢坂良太 瀬戸麻沙美 柿原徹也
金元寿子 羽多野渉 浪川大輔
アニメーション制作／HS PICTURES STUDIO
幸福の科学出版作品 配給／日活
©2015 IRH Press
UFO学園 検索！
©2015 IRH Press 配給／日活 配給協力／東京テアトル NIKKATSU
10月10日、全国一斉ロードショー！

幸福の科学グループのご案内

宗教、教育、政治、出版などの活動を通じて、地球的ユートピアの実現を目指しています。

宗教法人　幸福の科学

一九八六年に立宗。一九九一年に宗教法人格を取得。信仰の対象は、地球系霊団の最高大霊、主エル・カンターレ。世界百カ国以上の国々に信者を持ち、全人類救済という尊い使命のもと、信者は、「愛」と「悟り」と「ユートピア建設」の教えの実践、伝道に励んでいます。

（二〇一五年六月現在）

愛

幸福の科学の「愛」とは、与える愛です。これは、仏教の慈悲《じひ》や布施《ふせ》の精神と同じことです。信者は、仏法真理をお伝えすることを通して、多くの方に幸福な人生を送っていただくための活動に励んでいます。

悟り

「悟り」とは、自らが仏の子であることを知るということです。教学《きょうがく》や精神統一によって心を磨き、智慧《ちえ》を得て悩みを解決すると共に、天使・菩薩《ぼさつ》の境地を目指し、より多くの人を救える力を身につけていきます。

ユートピア建設

私たち人間は、地上に理想世界を建設するという尊い使命を持って生まれてきています。社会の悪を押しとどめ、善を推し進めるために、信者はさまざまな活動に積極的に参加しています。

国内外の世界で貧困や災害、心の病で苦しんでいる人々に対しては、現地メンバーや支援団体と連携して、物心両面にわたり、あらゆる手段で手を差し伸べています。

年間約３万人の自殺者を減らすため、全国各地で街頭キャンペーンを展開しています。

公式サイト　www.withyou-hs.net

ヘレン・ケラーを理想として活動する、ハンディキャップを持つ方とボランティアの会です。視聴覚障害者、肢体不自由な方々に仏法真理を学んでいただくための、さまざまなサポートをしています。

公式サイト　www.helen-hs.net

学部のご案内

人間幸福学部

人間学を学び、新時代を切り拓くリーダーとなる

人間の本質と真実の幸福について深く探究し、
高い語学力や国際教養を身につけ、人類の幸福に貢献する
新時代のリーダーを目指します。

経営成功学部

企業や国家の繁栄を実現し、未来を創造する人材となる

企業と社会を繁栄に導くビジネスリーダー・真理経営者や、
国家と世界の発展に貢献し
未来を創造する人材を輩出します。

未来産業学部

新文明の源流を創造するチャレンジャーとなる

未来産業の基礎となる理系科目を幅広く修得し、
新たな産業を起こす創造力と企業家精神を磨き、
未来文明の源流を開拓します。

校舎棟の正面

学生寮

体育館

住所 〒299-4325 千葉県長生郡長生村一松丙 4427-1
TEL.0475-32-7770

教育

学校法人 幸福の科学学園

学校法人 幸福の科学学園は、幸福の科学の教育理念のもとにつくられた教育機関です。人間にとって最も大切な宗教教育の導入を通じて精神性を高めながら、ユートピア建設に貢献する人材輩出を目指しています。

幸福の科学学園

中学校・高等学校（那須本校）
2010年4月開校・栃木県那須郡（男女共学・全寮制）
TEL **0287-75-7777**
公式サイト **happy-science.ac.jp**

関西中学校・高等学校（関西校）
2013年4月開校・滋賀県大津市（男女共学・寮及び通学）
TEL **077-573-7774**
公式サイト **kansai.happy-science.ac.jp**

ハッピー・サイエンス・ユニバーシティ（HSU）
TEL **0475-32-7770**

仏法真理塾「サクセスNo.1」 TEL **03-5750-0747**（東京本校）
小・中・高校生が、信仰教育を基礎にしながら、「勉強も『心の修行』」と考えて学んでいます。

不登校児支援スクール「ネバー・マインド」 TEL **03-5750-1741**
心の面からのアプローチを重視して、不登校の子供たちを支援しています。
また、障害児支援の**「ユー・アー・エンゼル!」運動**も行っています。

エンゼルプランV TEL **03-5750-0757**
幼少時からの心の教育を大切にして、信仰をベースにした幼児教育を行っています。

シニア・プラン21 TEL **03-6384-0778**
希望に満ちた生涯現役人生のために、年齢を問わず、多くの方が学んでいます。

学校からのいじめ追放を目指し、さまざまな社会提言をしています。また、各地でのシンポジウムや学校への啓発ポスター掲示等に取り組む一般財団法人「いじめから子供を守ろうネットワーク」を支援しています。

公式サイト **mamoro.org**
相談窓口 **TEL.03-5719-2170**
ブログ **blog.mamoro.org**

政治

幸福実現党

内《ない》憂《ゆう》外《がい》患《かん》の国難に立ち向かうべく、二〇〇九年五月に幸福実現党を立党しました。創立者である大川隆法党総裁の精神的指導のもと、宗教だけでは解決できない問題に取り組み、幸福を具体化するための力になっています。

党員の機関紙
「幸福実現NEWS」

TEL 03-6441-0754
公式サイト hr-party.jp

出版メディア事業

幸福の科学出版

大川隆法総裁の仏法真理の書を中心に、ビジネス、自己啓発、小説など、さまざまなジャンルの書籍・雑誌を出版しています。他にも、映画事業、文学・学術発展のための振興事業、テレビ・ラジオ番組の提供など、幸福の科学文化を広げる事業を行っています。

アー・ユー・ハッピー？
are-you-happy.com

ザ・リバティ
the-liberty.com

幸福の科学出版
TEL 03-5573-7700
公式サイト irhpress.co.jp

THE FACT

ザ・ファクト
マスコミが報道しない
「事実」を世界に伝える
ネット・オピニオン番組

Youtubeにて
随時好評配信中！

ザ・ファクト　検索

入会のご案内

あなたも、幸福の科学に集い、
ほんとうの幸福を
見つけてみませんか？

幸福の科学では、大川隆法総裁が説く仏法真理をもとに、
「どうすれば幸福になれるのか、また、
他の人を幸福にできるのか」を学び、実践しています。

入会

大川隆法総裁の教えを信じ、学ぼうとする方なら、どなたでも入会できます。入会された方には、『入会版「正心法語」』が授与されます。（入会の奉納は1,000円目安です）

ネットでも**入会**できます。詳しくは、下記URLへ。
happy-science.jp/joinus

三帰《さんき》誓願《せいがん》

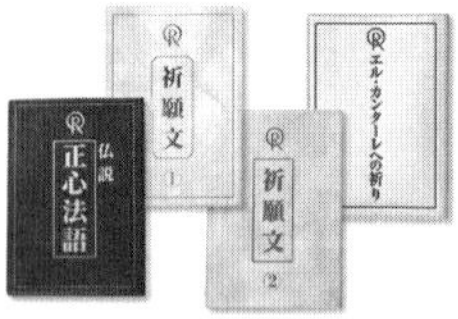

仏弟子としてさらに信仰を深めたい方は、仏・法・僧の三宝への帰依を誓う「三帰誓願式」を受けることができます。三帰誓願者には、『仏説・正心法語』『祈願文①』『祈願文②』『エル・カンターレへの祈り』が授与されます。

植福《しょくふく》の会

植福は、ユートピア建設のために、自分の富を差し出す尊い布施の行為です。布施の機会として、毎月1口1,000円からお申込みいただける、「植福の会」がございます。

「植福の会」に参加された方のうちご希望の方には、幸福の科学の小冊子（毎月1回）をお送りいたします。詳しくは、下記の電話番号までお問い合わせください。

月刊
「幸福の科学」

ザ・伝道

ヤング・ブッダ

ヘルメス・
エンゼルズ

INFORMATION

幸福の科学サービスセンター
TEL. 03-5793-1727（受付時間 火～金：10～20時／土・日・祝日：10～18時）
宗教法人 幸福の科学 公式サイト **happy-science.jp**